存在主義
海德格的思考

Martin Heidegger

劉燁
王勁玉／編譯

為傳統的哲學概念，賦予全新的意義，
從《存在與時間》探索存在的本質

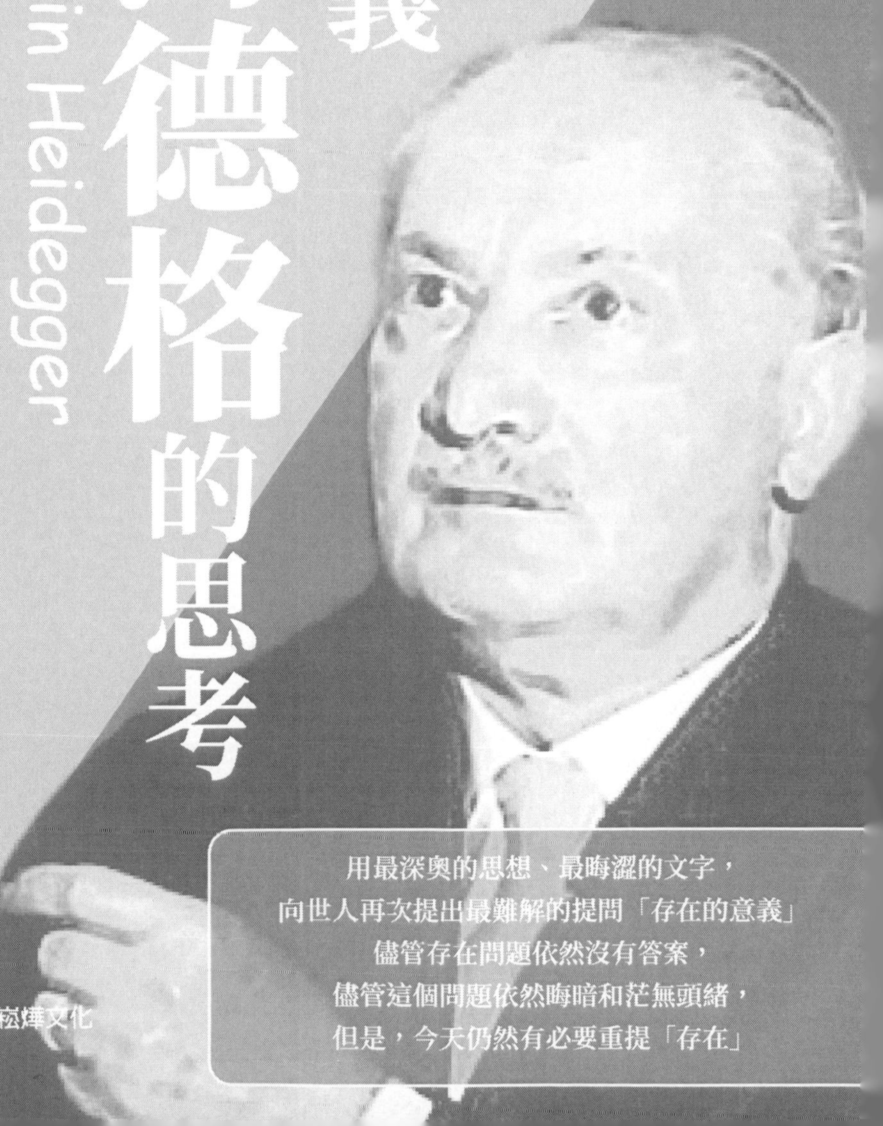

用最深奧的思想、最晦澀的文字，
向世人再次提出最難解的提問「存在的意義」
儘管存在問題依然沒有答案，
儘管這個問題依然晦暗和茫無頭緒，
但是，今天仍然有必要重提「存在」

崧燁文化

序言

馬丁．海德格（西元一八八九年至一九七六年），德國著名存在主義哲學大師。海德格出身於一個天主教家庭，十七歲時從一個神父那裡借到布倫塔諾的《亞里斯多德所說的存在的多重意義》一書，由此對存在意義的問題產生了濃厚的興趣。

西元一九一三年，海德格於佛萊堡大學畢業後留校任教。一九二七年，擔任教授，發表了未完手稿《存在與時間》。這本被當時政府判定為不合格的書，成為二十世紀重要的哲學著作之一。它不僅影響了後世許多哲學流派和著名哲學家，且在文學批評、社會學、神學、心理學、政治學、法學等多種領域產生了廣泛而深遠的影響。

海德格的哲學主題並不是要揭示人的行為或是解析人的心理，而是透過確立世人所謂「存在的最本質的東西」來闡明存在這個概念，這無疑是哲學的真正任務。

但是，並非所有人都認同海德格的哲學思想，反對他的人說，海德格不過是一個語言的神祕主義者、一個形而上學的神學家；指責他所提的問題都是一些虛假的、拗口的或是無聊的囈語，是一種瑣碎的謬論。不可否認，海德格的思想確實有很多令人迷惑、費解的地方，尤以《存在與時間》一書最為費解。文中思想深奧，有不少術語是海德格自己創造的，所以文字極為晦澀。有些雖是傳統的哲學概念，卻被他賦予了新的意義，這些都增加了閱讀的難度。但是，並不能因此而全盤否定他。我們要以取其精華、去其糟粕的心態去探索海德格的深邃與神祕。

本書所選篇章是根據海德格思想中最具有代表性、實用性、啟迪性的作品編譯而成，包含《存在與時間》、《路標》、《林中路》、《人，詩意的棲居》等，力求提供讀者一個了解海德格主要思想的精華讀本。當然，編譯不能代替對原著的研究，我們編譯本書的目的在於：一是讓讀者認識、了解海德格；二是為研究原著提供參考。但願我們的付出對你有所裨益。

海德格生平

西元一八八九年九月二十六日，馬丁．海德格出生於德國巴登州梅斯基希。一九〇三至一九〇六年在康斯坦茨人文中學讀書。十七歲時，進入佛萊堡人文中學就讀。在此期間，他對「存在」問題產生了濃厚興趣。

西元一九〇九年，剛滿二十歲的海德格中學畢業，進入佛萊堡大學學習神學。一年後學哲學、人文科學和自然科學。

西元一九一三年，在施耐德、李凱爾特指導下完成博士論文〈心理主義的判斷學說〉，獲得哲學博士學位。

西元一九一六年，海德格獲佛萊堡大學講師資格，與任佛萊堡大學哲學教授的胡塞爾首次見面。一九一九年，擔任胡塞爾討論班助教。一九二二年，擔任馬爾堡大學哲學系副教授。一九二九年，應馬克斯．舍勒之邀在科隆康德協會上作題為〈此在與真在〉的演講。

西元一九二七年，在胡塞爾主編的《哲學和現象學研究年鑑》第八期上首次發表〈存在與時間〉。一九二八年，胡塞爾退休，海德格接任佛萊堡大學哲學講座教授。次年七月二十四日在佛萊堡大學禮堂作題為〈形而上學是什麼？〉教授就職講座。同年十二月，出版了《康德和形而上學問題》一書。

西元一九三三年，出任佛萊堡大學校長一職。一年後，海德格辭去了佛萊堡大學校長職務。

西元一九三五年，在佛萊堡藝術科學協會作題為〈藝術作品的本源〉的演講。次年，在羅馬作題為〈賀德林和詩的本質〉的演講。

西元一九四三年，創作〈追憶〉，載於克盧克霍恩編緝的《賀德林逝世一百週年紀念文集》中。同年，其《真理的本質》一書出版。次年，出版了《賀德林詩的闡釋》。

西元一九四五年，被占領軍當局禁止授課。自此一禁就是六年，六年內海德格再也沒有踏上講臺。

西元一九四六年，為紀念里爾克逝世二十週年創作了〈詩人何為?〉。第二年創作了〈田間小路〉、〈從思的經驗而來〉，出版了《柏拉圖的真理學說》。一九五〇年出版了《林中路》一書。一九五一年十月在比勒歐作題為〈人，詩意的棲居〉的演講。

西元一九五三年，海德格出版了《形而上學導論》。次年，相繼出版了《演講與論文集》和《什麼召喚思?》。一九五六年，出版了《走向存在問題》。

西元一九五七年，在佛萊堡大學一般研究班上作題為〈思想原則〉的五次演講。十二月和次年二月在佛萊堡大學一般研究班上作題為〈語言的本質〉的三次演講。

西元一九五八年，三月在法國艾克斯作題為〈黑格爾與希臘〉的演講，五月在維也納城堡劇院黎明慶祝節上作題為〈詩與思——關於斯特凡．喬治的「詞語」一詩〉的演講。次年一月在巴伐利亞美術學會上作題為〈走向語言之途〉的演講。

西元一九六〇年七月，作題為〈語言和家鄉〉的演講。次年出版了《尼采》兩卷本。一九六二年四月，前往希臘旅行。同年出版了《物的追問——康德先驗原理的學說》和《技術和轉向》。

西元一九六七年四月，在雅典科學和藝術學院作題為〈藝術的起源和思的使命〉的演講。不久出版了他的新作《路標》。兩年後，出版了《面向思的事情》。一九七〇年，《現象學和神學》出版。一九七五年，出版了《現象學的基本問題》。一九七六年，出版了《邏輯學——真理問題》。

西元一九七六年五月二十六日，海德格與世長辭，五月二十八日葬於其家鄉梅斯基希。享壽八十七歲。

目錄

第一章　存在與時間

存在的探索

第三章　林中路

世界圖像的時代

尼采的話「上帝已死」

人，詩意的棲居

第一章　存在與時間

《存在與時間》是海德格的代表著作，西元一九二六年寫就，翌年出版。它也是本世紀重要的哲學著作之一。在《存在與時間》中，海德格對日常語言中的「是」或「存在著」的意指提出詰問，並重新提出「存在的意義」的問題。

要理解海德格的《存在與時間》，需要對海德格的思想淵源有一定的了解。從海德格的思想淵源來看，其《存在與時間》中的方法是來自於胡塞爾和狄爾泰的「解釋學的現象學」，而《存在與時間》的實質內容即來自齊克果的「存在主義」。

本章從「存在」的探索、「在之中」之為「在之中」、此在的存在——操心三方面來揭密海德格的深邃思想。

存在的探索

「存在」是最普遍的概念，但這並不等於：「存在」是最清楚的概念，再也用不著更進一步的討論了。可以說，「存在」這個概念晦澀難懂。因此，我們更需要深入探討。

重提存在問題的必要性

海德格認為：儘管存在問題依然沒有答案，儘管這個問題依然晦暗和茫無頭緒，但是，今天仍然有必要重提存在問題。為此，海德格從三個方面闡述了重提存在問題的必要性：「存在」是「最普遍的」概念；「存在」的概念不可定義；「存在（是）」是自明的概念。

當時代把重新肯定「形而上學」當作社會的進步時，關於「存在」這個使先前許多哲學巨人展開激烈爭論的問題已被遺忘許久。人類認為自己毋須重新展開對存在問題的探討。況且，存在問題曾使柏拉圖和亞里斯多德皆為之殫精竭慮，卻收效甚微。從那時起，對存在問題進行探討的人已經是屈指可數了。

不僅如此，由希臘人對存在概念的最初解釋而形成的教條認為：追問存在的意義是多餘的。他們認為：「存在」是最普遍、最空洞的概念。因此，它本身就反對任何下定義的企圖。而且認為這個最普遍、最空洞、最不可定義的概念也不需要下任何定義。認為每一個人都不斷地用到它，也知道它一向用來指什麼。這樣的解釋，使古代哲學思想不得安寧的晦暗物竟變成了不言自明性的東西，以至於要是仍有人追問存在的意義，就會被人指責在方法上有所失誤。這就是存在問題不被或很少被拿來探討的原因之一。

然而，即便在今天，仍然有重提存在問題的必要性。

（一）「存在」是「最普遍的」概念

亞里斯多德認為：無論一個人於存在者處把握到的是什麼，這種把握一定包含了其對存在的某種理解或是某種領悟。但「存在」的「普遍性」不是種類上的普遍性。倘使存在者在概念上依照類和種屬來區分和關聯的話，「存在」就不是對存在者最高領域的界定。存在的「普遍性」超乎一切族類上的普遍性。依中世紀最流行的存在論術語——「存在是超越者」，亞里斯多德將這個超越的「普遍者」的統一性視為類比的統一性，以此來與關乎事實的最高族類概念的多樣性相對照。

雖然亞里斯多德的主張依然依附於柏拉圖對存在論問題的提法，雖然連他自己也沒有澄清這些範疇之間關聯的晦暗處，但是，僅憑這一主張，他還是把存在問題置於一個全新的基礎之上。

中世紀時期，對「存在論」的討論主要依循托馬斯主義和斯多葛主義的方向進行。儘管人類花費了很長時間和許多精力對這一問題進行了各式各樣的探討。但他們並沒有從根本上弄清這個問題。黑格爾最終把「存在」規定為「無規定性的直接性」，並且以這一規定來奠定他的《大邏輯》中所有更進一步的範疇闡述，在這一點上，他與古代存在論保持著相同的眼界，並沒有顯示他的高明之處。相反，關於亞里斯多德提出的，與適用於事實的「範疇」多樣性相對的存在統一性問題，倒被他丟掉了。

由此可知，「存在」是最普遍的概念，但這並不等於「存在」是最清楚的概念，再也用不著更進一步地討論了。可以說，「存在」這個概念是最晦澀難懂的。

(二)「存在」的概念不可定義

「存在」這個概念不可定義的觀點是從「存在」的最高普遍性所推論出來。帕斯卡《思想錄》中有一段文字：「人無法在試圖確定存在『是』的同時，陷入這種荒謬之中：無論透過直接的解釋或暗示，人都不得不以『這是』為開始來確定一個詞。因此，要確定存在

『是』，必須說『這是』，並且使用這個在其定義中被確定的詞。」這話說得很有道理。因此，大家也不能把「存在」理解為存在者。即便將存在者歸屬於存在，也不能使「存在」得到規定。存在既不能用定義方法從更高的概念導出，也不能由較低的概念來表現。這樣說，並不表示「存在」不再構成任何問題了。而是說，「存在」不是某種類似於存在者的東西。因此，雖然傳統邏輯的「定義方法」可以在一定限度內定義存在者，但這種方法並不適合定義存在。

(三)「存在(是)」是自明的概念

在所有的認識，所有的陳述，與存在者有關聯的所有行為，以及對自身的一切關聯行為舉止中，都會用到「存在(是)」。而且這種說法「毋須深究」，誰都懂得，就像懂得「天空是藍色的」、「我是快樂的」等。然而這種通常的可理解，不過表現了不可理解而已——它挑明了：在對存在者之為存在者的任何行為舉止裡，在對存在者之為存在者的任何存在裡，天生皆有一個謎。我們一直生活在一種存在的領悟中，而同時，存在的意義卻又隱藏在晦暗中，這就證明了重提存在的意義是完全必要的。

康德認為：「自明的東西」，而且只有「自明的東西」——「通常理性的祕密判斷」——應當成為分析工作的突出課題，即「哲學家的事業」。如果確實如此，那在哲學的基本概念範圍內，尤其涉及到「存在」概念時，求助於自明性就實在是一種值得懷疑的方法。

透過以上分析，我們清楚了：存在問題依然沒有答案，而且這個問題本身依舊晦暗又茫無頭緒。所以重提存在問題意味著：在提這一問題之前要先進行一番充分的研討。

存在問題的形式結構

海德格認為：探索存在意義的工作不適宜在開頭處就闡發。只有憑藉成形的存在概念，闡釋通常的存在領悟的工作，才能獲得它所需要的指導線索。藉助於存在的概念以及概念本身所包含的，明確領會這一概念的多種方式，這樣才能夠弄清楚存在的意義。

存在的意義問題還有待提出。倘若這個問題是一個基本問題，或者說唯有它才是基本問題，那就有必要對問題的發問本身進行一番適當的探討，因此，我們有必要簡短地探討一下問題一般包含著的東西，以便使存在問題作為一個與眾不同的問題出現在大家面前。

任何發問都是一種尋求，任何尋求都有從它所尋求的東西方面而來的事先引導。發問是在「其存在與如是而存在」的方面來認識存在者的尋求。這種認識的尋求可以成為一種「探索」，也就是對問題所問的東西加以分析規定的「探索」。發問作為「對……」的發問而具有問之所問。所有「對……」的發問都以某種方式為「就……」的發問。發問不僅包含有問題之所問，而且也包含被問及的東西。在探索性的問題亦即在理論問題中，問題應該得到規定而成為概念。

此外，在問題之所問中還有問之何所問，這是真正的意圖所在，發問進行到這裡就達到了目標。既然發問本身是某種存在者（發問者）的行為，故發問本身就具有存在的某種自身獨有的特徵。任何發問都可以僅僅是「隨便問問」，當然也可以是明確地提問。後一種的特點在於：只有當問題的上述各構成環節都已經明朗化後，發問本身才能明朗。

存在的意義問題還有待提出，因此，我們必須著眼於上述構成環節來討論存在問題。任何發問都是一種尋求，作為一種尋求，發問需要一種來自他所尋求的東西方面的事前引導。因此，存在的意義已經以某種方式供我們利用。在上一節中提到過：我們總已經活動在對存在的某種領悟之中了。明確提問存在的意義，以求獲得存在的概念，這些都產生於對存在的某種領悟。我們不知道「存在」指的是什麼，然而當我們問到「存在」是什麼時，我們已經棲身在對「是」（在）的某種領悟之中了，儘管我們還不能從概念上確定這個「是」意味著什麼。我們也一直沒有弄明白該從哪一視野出發來把握和確定存在的意義。但對這種普遍而模糊存在的領悟是一種實際情形。

不管這種存在的領悟是如何搖曳不定、時隱時現，甚至只是單純停留在字面上的認識，但不可否認，這種通常已可供利用的存在領悟的不確定性本身是一種積極現象，雖然這種現象還有待我們去深入了解。

探索存在意義的工作不適宜在開頭處就闡發。只有憑藉成形的存在概念，闡釋通常的存在領悟的工作，才能獲得它所需的指導線索。藉助於存在概念以及概念本身所包含的，明確領會這一概念的多種方式，我們就能夠清楚：變得晦暗或尚未明了的存在領會意味著什麼？哪些方式可能或必然使存在意義變得晦暗，阻礙清楚地明白存在意義？

通常且含糊的存在領悟又透著流傳下來的關於存在的理論與意見。這些流傳下來的理論與意見作為統治地位的領悟源頭，卻又始終深藏不露。

在這個仍有待回答的問題中，問之所問是存在——使存在者被規定為存在者就是這個存在。不管我們怎樣討論存在者，存在者總是在先存在已被領會的基礎上才得到領會的。

柏拉圖認為：

「哲學領會存在問題的第一步在於『不敘述歷史』。」換句話說，就是不要靠把一個存在者引回到產生它的另一存在者這種方式來規定存在者之為存在者，彷彿存在具有某種可能的存在者性質。因此，存在作為問之所問要求自己獨特的展示方式，這種展示方式在本質上有別於對存在者的揭示。所以說，問之何所問，也就是存在的意義，也同樣是要求自己獨特的一種概念方式，這種概念方式有別於那些用以規定存在者涵義的概念。

只要問之所問是存在，而存在又意味著存在者的存在，那在存在問題中，被問及的東西恰恰就是存在者本身。可以這樣理解，我們可以從存在者身上來追問出它的存在來，但若要使存在者能夠不經扭曲地給出它的存在性質，就必須像存在者本身那樣通達它。從被問及的東西來考慮，就會發現存在問題要求我們贏得並事先確保通達存在者的正確方式。不過，我們用「存在著」一詞可以稱謂很多東西，而且是在種種不同的意義上稱謂。我們所意指的東西，所說的東西，所有對之有所作為的東西，這一切都是存在的。我們自己的所是，以及我們如何所是，這些也都是存在的。在其存在與如是而存在中，在實在、現成性、有效性、此在、「有」中皆有存在。我們應當在哪種存在者身上破解存在的意義？我們應當選擇哪種存在者作為出發點，好讓存在發展出來？出發點是隨意的嗎？或是在擬定問題時，某種確定的存在者就具有優先地位？倘若真是如此，這種作為範本的存在者又是什麼？它在哪些意義上具有優先地位？

假使我們一定要提出存在問題，並且打算充分透視這個問題，那按照此前所作的說明可以知道：要想解決這個問題，就得要求把觀看存在的方式解釋清楚，要求把領會意義和從概念上把握意義的方式解釋清楚，要求把正確選擇一種存在者作為範本的可能性準備好，把通達這種存在者的天然方式整理出來。觀看、領會、理解、選擇、通達，這些行為都是發問的構成要件，因此，它們本身即某種特定的存在者的存在形式，也就是發問者本身的那種存在者的存在樣式。

所以，徹底解答存在問題就等於：某種存在者——即發問的存在者——的存在，使這種存在者透澈可見。作為某種存在者的存在樣式，這個問題的發問本身從本質上就是由問之所問規定——即由存在規定的。這種存在者就是我們自己的存在者，就是除了其他存在的可能性外，還能夠發問存在的存在者，我們用「此在」這個術語來稱呼這種存在者。存在的意義問題突出而透澈的提法要求我們事先就某種存在者「此在」的存在來對這種存在者加以解說。

然而，這種行為不是又陷入一種循環了嗎？必須先就存在者的存在來規定存在者，然後再根據此在，這種存在者才肯提出存在問題，這難道不是在兜圈子嗎？只有這個問題的答案才能夠提供的東西，不是在解答這個問題的時候就被「設為前提」了嗎？在原理研究領域中，人類能輕易地引出論據來指責研究工作陷入了循環論證，但在權衡具體的探索途徑時，這種形式上的指責顯得毫無意義。它無益於事情的領悟，反而會妨礙我們更進一步地探索。

況且，在問題的上述提法中，實際上並沒有什麼循環。存在者完全可以被規定於它的存在中，卻不必供給存在意義的明確概念。假如不是如此，時至今日都不可能有存在論的認識，然而，確實有這種認識，這恐怕無法否認。今天，所有存在論都把「存在」「設為前提」，卻沒有把存在當作可以利用的概念——沒有把存在當作我們正在尋求的東西。存在被「設為前提」，具有先行著眼於存在的性質，也就是說，一旦著眼於存在，給定的存在者就在它的存在中得到了暫時的勾連。這種起引導作用的著眼方式來自普遍的存在領悟。我們自身就活動在這種普遍的存在領悟中，而且它歸根究柢屬於自身本質機制。這種「設為前提」和假設一個基本命題，並由此演繹出一串命題之類的事情沒有絲毫關係。存在意義問題的提出根本不可能有什麼「循環論證」，因為就這個問題的回答來說，關鍵不在於用推導方式進行論證，而在於用展示方式顯示根據。

存在意義的問題裡並沒有「循環論證」，只不過在這裡問之所問（存在）明顯地「向後關聯到或向前關聯到」發問活動本身，而發問又是某種存在者的存在樣式。存在問題最根本的意義中就包含發問活動和發問之所問的本質相關性。也就是說：具有此在種性質的存在者和存在問題本身有一種關聯，甚至可以說是一種與眾不同的關聯。然而，這不是擺明了某種確定的存在者具有存在的優先地位嗎？不是已經給定了那應當充任存在問題首先問及東西的、作為範本的存在者嗎？在此之前的討論還沒有擺明此在的優先地位，也還沒有斷定它可能乃至必然充任本來問及的存在者來起作用。不過，此在具有優先地位的情形已經初現端倪了。

存在問題在存在論上的優先地位

經過已經正確領會的存在論，研究本身將以存在論上的優先地位給予存在問題，而不限於重新撿起某種可敬的傳統，或促進某個至今沒有透視的問題。但這種事情上、科學上的優先地位並不是唯一的優先地位。

前面，我們以遵循問題之所以為問題的形式結構為線索，勾勒出存在問題的特徵，如此一來，我們就清楚了一個問題：存在問題是一個獨特的問題，要整理出存在問題乃至解決存在問題，我們就需要進行一系列基本考察。但只有對存在問題的作用、意圖以及動因加以充分的說明後，存在問題的獨特之處才能顯示出來。

迄今為止，我們這樣說明以重提存在問題的必要性——首先是這個問題有著悠久的歷史，其次是它迄今為止還沒有一個確定的答案，甚至連一個讓人滿意的提法都沒有。但人類完全可以要求了解：這個問題有什麼作用？它是否始終只是對最普遍的普遍性所作的一種虛無縹緲的思辨？抑或它是最富原則性的、最具體的問題？

存在總是某種存在者的存在。依照不同的存在領域，存在者全體可以成為對某些特定事情的區域進行顯露和界定的園地。這些事情，比如歷史、自然、空間、生命、此在、語言之類，又可以相應地轉化為某些科學探索的對象。所謂的科學研究，就是簡單地將這些事情的區域劃分開來後加以固定，並且藉由事情區域的基本結構將這種區域制定出來。這種方式已經由對存在領域的前科學的經驗與解釋完成了，因為事情區域本身就以存在領域來劃分。這樣生長出來的「基本概念」始終是具體發展這種區域的指導線索。雖說研究始終側重於實證性，但研究所取得的進步並不仰賴收集實證研究的結果，或將這些結論堆積到「手冊」裡面，而主要靠對各個區域的基本狀況提出疑問，這些疑問往往是以逆向操作從關於事情日積月累的熟知中脫穎而出。

真正的科學「運動」透過修正基本概念的方式發生，這種修正或多或少是偏激的，並且對運動本身一知半解。一門科學在哪種程度上能夠承受其基本概念的危機，這一點決定著這門科學水準的高低。當科學發生內在危機的時候，實證探索的發問與問題所涉及的事情本身的關係會發生動搖。當今社會，在眾多不同學科中都有一種傾向——要把研究工作移植到新的基礎之上。

看起來擁有最嚴實構造的科學——數學，也陷入了「基礎」危機。怎樣贏得和保證本源的方式，藉以通達應當成為這門科學對象的東西——相關人員圍繞著這一問題展開了形式主義與直觀主義的爭論。

物理學中則出現了另一種傾向——要把自然固有的關聯如其「自在」的那樣提供出來。相對論就源自這種傾向，它為通達自然本身的道路提供條件的理論，因此試圖把一切都規定為相對性，藉以保存運動規律的不變性。如此一來，就使它和在它之前就有的物質結構問題發生對抗。

在生物學中，對集體和生命曾有過機械論與活力論的種種規定，現在則有一種傾向——要反過來深入到這種種規定之後進行追問，要重新規定生命體之為生命體的存在方式。在具有歷史學性質的人文科學中，透過傳承下來的東西，透過這些東西的表現方式及傳統而直趨史實本身的傾向越來越強烈，文獻史應當成為問題史。

神學也正在嘗試更原始地解釋人與上帝的存在，這種解釋憑藉信仰本身的意義先行勾勒出來，且依然保留在信仰的意義之內。現在，神學又開始重新領會到路德的見解——神學教條的系統棲止與其上的基礎本身並不源自對某個本源的信仰問題，理解這個基礎的概念方式，對神學問題而言不僅不夠用，而且還可能掩蓋它、扭曲它。

一門科學的所有問題對象都以事情區域為基礎，而基本概念就是這一事情區域藉以事先得到領悟的那些規定。因此，同樣只有先對事情區域本身做一番透澈研究，這些基本概念才能真正獲得證實。但只要任何一個區域都從存在者本身的領域獲勝，那創造基本概念的先行研究也就意味著：按存在者的基本存在建構來解釋存在者。這種研究必須走在實證科學前頭，它也能夠做到這一點。柏拉圖和亞里斯多德的所作所為就為此提供了根據。這樣為科學奠定基礎的工作原則上和跛足隨行的「邏輯」，從根本上有所不同。「邏輯」僅僅是依照一門科學的偶然狀況來探索這門科學的「方法」而已。

而奠定基礎的工作則是生產性的邏輯，其意義是：它好像率先進入某一存在領域，率先展開這一存在領域的建構，把獲取的結構交給各門實證科學，使實證科學能夠把這些結構作為對發問的提示加以利用。比如從哲學上說，首要的事情不是構成歷史學概念的理論，也不是歷史學知識的理論，更不是歷史學對象的歷史理論——首要的事情是闡釋歷史上本真存在者的歷史性。同樣，康德的純粹理性批判的積極成果也在於其著手整理出了一般屬於自然的東西，而不在於一種知識「理論」。他的先驗邏輯是關於自然這一存在領域的先天事情邏輯。

然而，這樣的發問不偏向任何一種存在論流派與傾向的最廣意義上的存在，其自身還需要指導線索。與實證科學的存在者層次上的發問相比，存在論上的發問要更加原始。倘若存在論在研究存在者的存在時，對存在的一般意義不經探討，那麼存在論發問本身還是幼稚而渾噩的。存在論的任務在於非演繹地構造各種可能方式的存在譜系，而這一存在論的任務恰恰須先對「我們用『存在』這個詞究竟指什麼」有所了解。

因此，存在問題的目標不僅在於詢問一種使科學成為可能的先天條件，而且也在於詢問先於任何存在者狀態上的科學，並且奠定了這種科學基礎的存在論本身成為可能的條件。

任何存在論，倘若它沒有先充分地澄清存在的意義，並將澄清存在的意義理解為自己的基本任務，那不管它具有多豐富、多緊湊的範疇體系，它依然是盲目的，並將背離它最原始的意圖。

經過已經正確領會的存在論研究本身，將給予存在問題存在論上的優先地位，而不止於重新撿起某種可敬的傳統或促進某個至今沒有透視的問題。但在這種事情上、科學上的優先地位並非唯一的優先地位。

存在問題在存在者層次上的優先地位

存在的某些性質，超出存在者一切可能的關乎實事可能歸類的規定性之外，超出一切存在者的特殊式樣之外，同時卻又是任何東西都必須具有的。

科學通常可以被規定為透過諸命題的相互關聯而建立起來的整體。但是，這個定義依然存在很多缺陷，既不完整也不妥貼。所有的科學活動都是人的行為。因此都包含著這種存在者（人）的存在方式。我們在此用這個稱謂來表示這種存在者。科學研究既不是這種存在者唯一的存在方式，也不是與這種存在者最貼近的存在方式。此在本身與其他存在者有著突出的不同之處。現在就應該把這種與其他存在者不同的地方擺到大家眼前。在以後對內容進行真正的展示之前，先對此進行一番討論。

此在是一種存在者，但並不僅僅是眾多存在者中的一種。從存在者的狀態看，此在的與眾不同之處在於：此在為它的存在本身而存在。因此，此在的這一存在機制中就包含：

此在在它的存在中對這個存在具有存在關係。而這又是說：它的存在隨著它的存在，並透過它的存在而對它本身發展出來。對存在的領悟本身就是此在的存在規定。此在作為存在者的與眾不同之處在於：它存在於存在論層次上。

在這裡，存在論層次上的存在並不是說：營造存在論。所以，假如我們將存在論這個名稱留存，給對存在者的意義作明確理論追問的話，那麼，這裡所說的此在的存在論就應該命名為先於存在論的存在了。不過，這並非簡單地意味著在存在者層次上存在著，而是說以對存在有所理解、有所領悟的方式存在著。

此在能夠這樣或那樣地與之發生交涉的存在，此在無論如何都要以某種方式與之發生交涉的存在，我們稱之為生存。這個存在者的本質規定不能靠列舉與事情有關的「什麼」來進行。它的本質在於：它所包含的存在向來就是它待成為的那個存在；因此，我們選擇此在這個名稱，純粹是就其存在來命名這個存在者。

此在往往從它的生存來領會自身：往往從它本身的可能性——是它自身或不是它自身——來領會自身。或者是此在自己挑選了這些可能性，抑或是它陷入了這些可能性，或它本來就成長於這些可能性。生存不過是被當下的此在以抓緊或是耽誤的方式決定著。生存問題只有透過生存活動本身才能弄清楚。對生存活動本身的領悟，我們稱之為生存狀態上的領悟。生存問題是此在的一種存在者層次上的「事務」。為此並不需要對生存的存在論結構做理論的透視。追問生存的存在論結構，目的是要了解什麼東西組建了生存。我們把這些結構的關聯叫做生存論結構。對生存論結構的分析來說，所具有的不是生存上領會的性質，而是生存論上領會的性質。對此在作生存論上的分析、探討的任務，就其必要性和可靠性來看，已經在此在的存在者層次上的結構中先行勾勒出來了。

但是，只要生存規定著此在，要對這個存在者的存在論作分析，就必須先對生存論結構作一番分析。不過，我們將生存論結構領會為生存著的存在者的存在結構。而在這樣的存在結構觀念中，也有一般存在觀念。於是對此在進行分析的可能性，要先對追究一般存在的意義問題作一番整理。

各門科學都是此在的存在方式，在這些存在方式中，此在也對那些本身毋須是此在的存在者有所作為。此在本質上就包括：存在於世界之中。因而這種屬於此在的、對存在的領會就同樣原始地牽涉到對諸如「世界」這類東西的領會，以及對在世界之內可通達的存在者的存在領會了。由此可見，但凡不具備此在式的存在特性的、以存在者為課題的，各種存在論都根植於此在自身的存在者層次上的結構，並由此得到說明，而此在的存在者層次上的結構包含著先於存在論的存在領會的規定性。因此，一切源自存在論的基礎存在論都必須在對此在的生存論分析中來尋找。

由此可見，與其他存在者相比，此在具有幾層優先地位。

第一層是存在者層次上的優先地位：此種存在者在存在中透過生存得到規定。第二層是存在論上的優先地位：此在由於以生存為其規律性，因此就其本身來說就是「存在論的」。而作為生存領會的受託者，此在卻又同樣原始地包含對一切非此在式的存在者的存在領會。因此，此在的第三層優先地位在於：它是使一切存在論在存在者層次及存在論上都得以可能的條件。於是，此在擺明它是先於其他一切存在者的、從存在論上首個問及的東西。

而生存論分析在生存狀態上有其根苗，換句話說，就是在存在者層次上有其根苗。只有將哲學研究的追問本身就從生存狀態上，理解為生存著的此在的一種存在可能性，才有可能發展出生存的生存論狀態，從而也才有可能著手進行有充分根據的一般性的存在論問題的討論。於是，存在問題在存在者層次上的優先地位也就顯而易見了。

早有人領略了此在在存在者層次上及存在論上的優先地位，雖然迄今無人就此在天生的存在論結構把握此在，甚至不曾提出以此為目標的問題。

亞里斯多德在其《論靈魂》裡說：「（人的）靈魂從某種方式上說是存在者。」這個構成人存在的「靈魂」，在它去存在的兩種——即知覺和理解之中，從其存在與如此存在的方面著眼，揭示著一切存在者，亦即總是在一切存在者的存在中揭示一切存在者。這個命題可以一直追溯到巴門尼德的存在論論點；後來托馬斯對此進行了獨具特色的討論。托馬斯所從事的工作主要是推導出超越性質：存在的某些性質超出存在者的一切可能的關乎實事而可能歸類的規定性之外，超出一切存在者的特殊式樣之外，同時卻又是任何東西都必須具備的。真理既然是超越者，就需要求助於這種存在者才能做到：這種存在者依其存在方式，本身就有與任何一個存在者「與生俱來」的特點。這種與一切可能的存在者與生俱來的、與眾不同的存在者就是靈魂。此在對其他一切存在者的優先地位在此體現了出來，雖然還沒有從存在論上加以澄清。但是，顯然這種優先地位與把存在者全體惡劣地加以主觀化的做法沒有絲毫相似之處。

要講明存在問題在存在者層次上及存在論上的與眾不同之處，首先須提示出此在在存在者層次上及存在論上的優先地位。但是，這種對存在問題的結構分析碰到了存在者在問題提法本身範圍之內與眾不同的功能。如果追問要變成透澈的追問，此在就得先暴露自身，須從存在論上得到足夠清楚的存在者。現在事情擺明了：對此在的存在論分析工作本身就構成基礎存在論，因而此在所充任的就是原則上必須先問及其存在的存在者。

如果任務是闡釋存在的意義，那麼此在不僅是首先必須問及的存在者；更進一步，此在還是在其存在中已經對這個問題所追問的東西有所作為的存在者。因此，存在的問題並不是別的，只不過是把此在本身所包含的存在傾向極端化，把先於存在論的存在領悟極端化罷了。

存在的意義得以闡釋的境域

在解答存在意義的問題地基上，一切存在論問題的中心提法都植根於正確看出和正確解說的時間現象，以及它如何植根於這種時間現象。

當我們稱謂「提出」存在問題這一任務的時候，我們曾表示：我們不但要確定充當首先被問及的東西的那種存在者，而且還必須明確占有和保障正確通達這一存在者的方式。我們也已討論了在存在問題範圍之內，哪種存在者承擔著特殊的角色。可是，應當如何確定這種存在者即此在呢？又如何在領會和解釋過程中緊緊盯準這個存在者呢？

關於此在存在者層次上及存在論上的優先地位，我們在前面已經提過。這種優先地位可能導致一種錯誤意見：彷彿這種存在者一定也是既在存在者狀態上，又在存在論上首先給予的存在者——不僅可以直接把握這個存在者，且其存在方式同樣也是「直接」給定的。確實，此在在存在者狀態上不僅貼切，可能還是最貼切的——我們自身說不定一向就是此在。雖然如此，或恰恰因為如此，此在在存在論上又是最遠的。此在具有某種存在領悟，此在向已經處在對存在的某種解釋當中；雖然說這些都屬於此在最原始的存在，但這並不等於說：我們可以將這種關於此在本身存在的解釋——最貼切的、先於存在論的解釋——當作適當的指導線索承接過來，就像對最原始的存在結構的存在論專題思考一定源於這種存在領悟。依據其本身的存在方式，此在傾向於從它本質上不斷地和最貼近地與之有所交涉的存在者方面來領悟本身的存在，也就是說，從「世界」方面來領會本身的存在。在此在本身當中，因而在此在本身的存在領會中，有這樣一種情況，我們將這種情況展示為：對世界的領會從存在論上返照到對此在的解釋之上。

因此，此在特有的存在結構對此在始終深藏不露，其依據恰恰是此在在存在者層次上及存在論上的優先地位。此在在存在者層次上離它自己「最近」，在存在論上「最遠」。

目前，我們不過是暫時指出了：對這種存在者的解釋面臨著獨特的困難，這些困難的根源又起源於這一專題對象的存在方式自身，在於專題化活動的存在方式自身；這些困難的存在並不是我們天生識別能力有缺陷，也不是由於我們對某些適當概念不了解。

存在領悟不僅屬於此在，且隨此在的各種存在方式本身或成形或毀敗，所以，我們可以對存在領悟作出多種解釋。哲學、心理學、人類學、倫理學、政治學、詩歌、傳記與歷史記述等，一直以形形色色的方式和不同的規模研究著此在的行止、才能、力量、可能性與盛衰。這些解釋在生存上也許都是原始的，但問題是它們在生存論上是不是也同樣曾以原始的方法得出？生存上的解釋同生存論上的解釋並不一定屬於同一類別，但也不相互排斥。假使哲學認識的可能性和必然性確實得到了理解，生存論上的解釋就會要求進行生存論分析。只有當我們鮮明地依循存在問題本身制定方向，藉以將此在的基本結構充分整理出來，此在分析工作至今所贏得的東西才能在生存論上言之成理。

於是，此在的分析工作必須保持為存在問題中的第一要求。然而，這讓贏得並確保通達此在的主導方式這一問題越發焦灼。用否定的方式說：不允許把任何隨意的存在觀念與現實觀念純憑虛構和教條安到這種存在者頭上，不管這些觀念是多麼「不言而喻」；同時，也不允許未經存在論考察就將這類觀點先行勾勒出來的「範疇」強加於此在。可以說，我們所選擇的通達此在和解釋此在的方式必須要使這種存在者可以從其自身顯露出來。換句話說，這類方式應當像此在那樣頻繁地顯示這個存在者，應當在此在的日常生活中顯示出這個存在者。我們日常生活所提供的東西不應該是某種偶然的結構，而應該是最本質的結構。無論此在實際上以哪種方式存在，這些結構都應該保持其為規定著此在的存在結構。從此在的日常生活狀況來看，我們完全可以循序漸進，著手找出這種存在者的存在。

這樣加以把握的此在分析工作自始至終對準解答存在問題這一主導任務來制定方向。因此規定了這一分析工作的界限。它不打算提供一種完善的此在存在論；假使要讓「哲學」、「人類學」這樣的東西提升到充分的哲學基地上，此在存在論還須加以擴建。如果打算建立一種可能的人類學及其存在論基礎，接下來的闡述就不只能為其提供一些零碎的「片段」，儘管它們並不是非本質的東西。

此在的分析不僅不完整，最初的分析還是膚淺的。這一分析僅把此在的存在提出來了，而沒有闡釋存在的意義。這一分析無非是要我們做好準備工作，以便顯露最原始地解釋存在的境域。一旦獲得了這一境域，我們將要求在更高的和本真的存在論基地上來重複準備性的此在分析工作。

在這裡，時間性將被展示出來，作為我們稱為此在存在者的存在意義。先前展示的此在諸結構將作為時間性的樣式重新得到闡述；時間性之為此在的存在意義這一證明也將由此解釋得到檢驗。將此在解釋為時間性，並不意味著為主導問題即一般存在的意義問題提供了答案，卻為得到這個答案提前做好了準備。

我們先前提示過，此在包含一種先於存在論的存在，作為其存在者上的機制，此在以這種方式存在：它以存在者的方式領會存在的東西。確立了這層關聯，我們就應該指出：在隱而不彰地領會著解釋存在東西之際，此在由之出發的視野就是時間。我們必須將時間擺明為對存在的這一切領會及解釋的視野。必須如此自然地理解時間。為了讓人觀察到這一層，我們必須原始地解說時間之為存在領會的境域。

承攬這一任務的同時，需要在贏得時間概念和通俗領悟時間之間劃清界限。將沉澱在傳統時間概念之中的時間解釋再看一遍，就可以清楚地看到這種對時間的通俗領悟。在這裡還要弄清楚：傳統的時間概念和對時間的通俗領悟正源於時間性，並且要弄清楚它如何源於時間性。如此一來，我們就明白了流俗的時間概念也自有其道理——這和柏格森的論點背道而馳。柏格森的論點是：流俗的時間概念所意指的時間乃是空間。

長時間以來，「時間」充當著一種存在論標準或一種存在者狀態上的標準，藉以樸素區分存在者的不同領域。人類將「時間性的」存在者和「非時間性的」存在者區分開。人類習慣區別道出命題的「時間性的」過程和命題的「無時間的」意義。此外，人類發現在「時間性的」存在者與「超時間的」永恆者之間有一條「鴻溝」，人類試圖為兩者牽線搭橋。在這裡，「時間性的」向來說的只存在「在時間中」，而這個規定本身也不是很清楚。實際情況是：在「在時間中存在」這種意義上，時間充當著區分存在領域的標準。時間怎麼會具有這種與眾不同的存在論功能呢？時間是憑藉什麼，竟可以充當這種標準？再者，在這樣樸素地從存在論上運動時間的時候，是否流露出了一種可能與運動相關的本真存在論上的東西？此類問題直到今天仍然無人探索。在對時間通俗領悟的境域內，「時間」彷彿「原本」就擁有這種「不言自明的」存在論功能，且將這種「不言自明的」功能保持到了今天。

與此不同的是，在解答存在意義問題的時候，應該可以顯示出：一切存在論問題的中心提法都植根於正確看出的和正確解說的時間現象，以及它如何植根於這種時間現象。

如果我們應從時間來理解存在，如果我們確實應著眼於時間才能理解存在種種不同樣式的樣式化過程及其衍生物的衍化過程，我們就可以明白存在本身的——而不僅僅是存在「在時間中」的存在者的「時間」性質了。於是，「時間性的」就不再只等於在「時間中存在著的」。「非時間的東西」與「超時間的東西」就其存在來看也是「時間性的」。而且，並非與「時間性的東西」相對，就是和時間中的存在者相對。

「非時間的東西」與「超時間的東西」並非僅以某種褫奪方式才是「時間性的」。這裡的「時間性的」具有積極的意義。不可否認，這種意義還有待於進一步的澄清。不過，因為「時間性的」這個詞的上述涵義已經被前哲學和哲學的語言用法掩蓋了，而在後面的探索中，我們還將把這個詞用於另一種涵義，因此，我們將出自時間的存在原始意義的規定性以及存在的諸物質與諸樣式原始意義的規定性稱之為時間狀態上的規定。故解釋存在之為存在的基礎存在論任務中就包含了整理存在時間狀態的工作。只有先將時間狀態的問題講清楚，才有可能為存在的意義問題做出具體、詳實的解答。

因為只有先著眼於時間才能把握存在，故存在問題的答案不可能在一個孤立盲目的命題裡。憑藉對這個答案以命題形式道出的東西鸚鵡學舌一番，並不能說明你理解了這個答案。若是將這個答案當作沒有根據的結論人云亦云一番，最好的結果也不過是認識了某種「立場」，而這種立場還可能和現在的處理方式大相逕庭，甚至南轅北轍。如此就更不能說理解了這個答案。至於這個答案是「新」或「不新」其實無關緊要，那終究是事情的外在方向。這個答案積極的一面倒是在於其足夠古老，如此一來，可以使我們學著去理解「先人」

已經準備好的種種可能性。依照這個答案最原始的意義，這個答案為具體的存在論研究提供了指示——在已經開放的境域內，以探索性的發問去開始具體的存在論研究，這也是這個答案所提供的一切。

假使存在問題的答案正是這樣成為研究的主導指示，那麼問題就歸結為：時至今日的存在論特有的存在方式，這種存在論的發問、發現和拒絕的天命，以及它們作為此在式的必然，都從這個答案本身進入我們的視野，只有這樣，我們才能將存在問題的答案進行充分、完整地闡述。

解析存在論歷史的任務

解析存在論歷史的分析任務並不是否定地對待過去，它的解析針對「今天」，針對存在論歷史中處於統治地位的處理方法，無論這種處理方法是談學理、談精神歷史，還是談問題歷史。這一解析工作並不想將過去埋葬於虛無中，它有積極的目的；它的消極作用間接而隱藏不露。

所有研究都是此在的一種存在者層次上的可能性，更不用說圍繞這一中心問題的研究了。此在的存在在時間性中有其意義。然而時間性是歷史性之所以可能的條件，而歷史性又是此在本身時間性的存在方式；關於此在是不是以及如何是一個「在時間中」的存在者的問題，在此不做探討。歷史性發生在被人類稱之為歷史（世界歷史的演變）的那個東西之前。首先必須以此在為基礎，像「世界歷史」這樣的東西才有可能演變為世界歷史的內容；而歷史性就意指這樣一種此在演變存在的構建。

在它的實際存在中，此在一如既往地存在並作為它已曾經是的「東西」存在。無論是否明顯，此在總是它的過去，而這種情況不僅說明它的過去猶如在「在後面」推著它，它還伴隨著過去的東西作為時而在它身上起作用的現成屬性。大體而言，此在的存在一般從它的將來方面「演歷」，此在以它的存在方式來說就「是」它的過去。此在透過它當下存在的方式，因而隨著隸屬於它存在的領會，生長到一個承襲下來的此在的解釋中並在這種解釋中成長。此在當下就是在一定範圍內頻繁地從這種此在的解釋中領會自身。這種領會發展它的各種可能性並調整著這些可能性。它自己的過去——而這總是說它的「同代人」的過去——並非是跟在此在後面，而是走在它的前頭。

此在的這種基本的歷史性也可能對此在本身諱莫如深，但即使是這種基本的歷史性，也可能以某種方式被揭示並得到培養。此在可能揭示傳統、保持傳統並明確地尾隨傳統。揭示傳統以及發展傳統「傳下」的內容與方式，這些都可能被把握為獨立的任務。如此一來，此在便把自身帶進了歷史追問與歷史研究的存在方式之中。但是歷史學之所以可能成為進行追問的此在存在方式，只因為此在基於它的存在被歷史性所規定。當歷史性對此在諱莫如深時，此在也就不可能對歷史進行歷史學追問與歷史學揭示。缺乏歷史學並不是沒有此在歷史性的證明；歷史學的缺乏，這作為此在存在法的殘缺樣式，卻有此在歷史性的證明。一個時代正因為它是「歷史性的」，才可能是無歷史學的。

此外，倘使此在已經把握了自身之內的可能性——不僅能夠看透自己存在的可能性，且能夠追問生存論建構本身的意義，也就是先行追問一般存在的意義，假使在這樣的追問中，它已經放眼於此在本質的歷史性，那就一定能洞悉：對存在的追問——其本身以歷史性為特徵。

作為歷史的追問，其最原始的存在意義中隱含一種指示：要去追究這一追問本身的歷史，即成為歷史學。要想透澈地解答存在問題，就必須聽取這一指示，以便讓自己在積極地據過去為已有的情況下，充分占有最原始的問題的可能性。要想追問存在的意義，最合適的方法就是從此在的時間性與歷史性著眼把此在先行解釋清楚，於是這一追問就由它本身所驅使，把自身領會為歷史學的追問。

在此在最貼近和普遍的存在方式中，此在也當下就歷史地存在著，從此在這種最貼近和最普遍的存在方式來看，對此在的基本結構作出的這些預備性的解釋，將把下面這些情形挑明：此在存在一種趨向，即沉淪到它所在的本身世界中並依託這個世界的反光來解釋自身。與此同時，此在也沉陷於它或多或少明白把握的傳統。傳統奪走了此在本身的領會、探問和選擇。對於植根於此在最原始的存在的領會即存在論的領會，對於使這種領會成形的工作，這種情形尤為常見。

這樣取得統治地位的傳統往往使它所「傳下」的東西難於接近，甚至把這些東西都給掩蓋起來了。不少流傳下來的範疇和概念曾以真切的方式從原始的「源頭」汲取出來。但是，傳統卻賦予了傳承下來的東西不言自明的性質，堵塞了通達「源頭」的道路。傳統甚至使我們忘卻了這樣的淵源，使我們不再領會回溯的必要性。傳統將此在的歷史性連根拔除，乃至於此在只對哲學活動可能具有的五花八門的類型、走向、觀點感興趣，它憑藉這種興趣活動，在最陌生、疏遠的多種文化中試圖用這種興趣來掩飾自己的無根基狀態。結果是：此在無論對歷史學表現得多感興趣，無論多麼熱衷於文字學上「就事論事」的闡釋，它依然領會不了唯一能使我們積極地回溯過去——即創造性地占有過去——的根本條件。

假若要為存在問題本身將其歷史分析清楚，那就需要將僵化的傳統鬆動一下，要清除由傳統作成的一切障礙。因此，可以將這個任務理解為：以存在問題為線索，將古代存在論傳下來的內容解析為一些原始經驗。那些日後又起主導作用的存在規定就是憑藉這些原始經驗獲得的。

將存在論基本概念的淵源如此描述出來，透過探索展示它們的「出生證明」，這與把存在論立場惡劣地加以相對化沒有絲毫相同之處。這種解析工作也不是要擺脫存在論傳統的消極意義。它要標明存在論傳統各種積極的可能性，這意思往往是：要想標示存在論傳統的限度；隨著歷史問題的提法，隨著在這些提法中已經草擬出來的、可能的探討範圍這種情形，那些限度實際上已經給出了。這個分析任務並不是要否定地對待過去，它的批判針對「今天」，針對存在論歷史中處於統治地位的處理方法，無論這種處理方法是談學理，還是談精神歷史，或是談問題歷史。這一解析工作並不想將過去埋葬於虛無之中，它有積極的目的；它的消極作用間接而隱藏不露。

解析存在論歷史的工作本來是在本質上為存在問題的提法所應有，且只有在存在問題的提法範圍之內才能進行。但是，海德格試圖從原則上弄清楚存在問題本身，所以，在他的探討工作框架之內，解析存在論歷史的工作只能就存在論歷史中原則上有決定意義的一些地方著手。

按照解析工作的積極傾向，首先必須提出一個問題：在一般存在論的歷史演變中，對存在的解釋究竟是否及在什麼程度上曾經或至少能夠和時間現象專題地結合在一起？為此，必須探討的時間狀態的問題是否在原則上曾被或至少能夠被整理出來？曾經向時間性一度探索的第一人與唯一之人是康德。只有當時間狀態的問題提法已經確定的時候，才能成功地引進光線來照亮圖形說的晦暗之處。但透過這條途徑也能看到：為什麼這個小區域在本身的維度及中心的存在論功能方面對康德而言只是一時的禁地？康德非常清楚他自己闖入了一片漆黑的區域。

康德在其《純粹理性批判》裡說：「我們知性的這種圖形說，在涉及到現象及其純形式時，是潛藏在人類靈魂深處的一種技術，我們在任何時候都很難從自然手中獲得破解這門技術的真正機關，把它無所遮蔽地擺到眼前。」假設「存在」這個詞語有一種可以指明的意義，康德在此望而止步的東西就必須作為專題而從原則上進行視察。

為什麼康德始終無法窺視時間問題的奧妙？有兩重因素妨礙了他：一是存在問題被耽誤了，與此相關的是根本沒有出現過以此在為專題的存在論；另一因素在於：儘管康德已經將時間現象規劃到主體方面，但他對時間的分析依然以流傳下來的對時間的通俗領悟為準，這使康德不能把「先驗的時間規定」這一現象在其自身的結構與功能中整理出來。

此外，康德還耽擱了一件本質性的大事：耽擱了此在的存在論，而這一耽擱又是因康德繼承了笛卡兒的存在論立場才引起的。這次耽擱，就笛卡兒最原始的傾向來說，是決定性的耽擱。笛卡兒發現了「我思，故我在」，他認為自己為哲學找到了一個新的可靠的基地。但是，他並沒有在這個「激進的」開頭清楚規定這個能思之物的存在方式，說得更簡單點即「我在」的存在意義。對存在論歷史進行分解回溯的這一工作的第二步，就是要把「我思，故我在」未曾明言的存在論基礎整理出來。這些解釋不僅會證明笛卡兒不能不耽誤存在問題，而且也能顯示出笛卡兒為什麼會認為：既然我思絕對「是確實的」，就可以不管這個存在者的存在意義問題。

然而，就笛卡兒自身來說，事情還遠遠不止耽擱了此事，因而使能思之物，無論其為心智還是精靈，在存在論上都陷入了全無規定之境。笛卡兒把中世紀的存在論加到由他要立起來作為（不可動搖的基礎）的那個存在者身上來進行他「沉思」的基本思考。「能思之物」從存在論上被規定為「物」。而對中世紀的存在論來說，「物」的存在之義被明確理解為：「物即受造物」。上帝作為「無限物」就是「非受造物」。最廣義的受造即某種東西被製造出來，這層意義上的受造乃是古代存在概念的一個本質的結構環節。這個虛有其表的哲學新開端，說白了是在培植一種不祥的成見，後世就是由於從這個成見出發，才把以「心靈」為主題的存在論分析耽擱下去；這一分析原本應該以存在問題為線索，同時對承襲下來的古代存在論加以批判剖析。

任何熟悉中世紀的人都知道笛卡兒「依賴」中世紀經院哲學，而且使用經院哲學的術語。不過，只要還不明白中世紀存在論在後世對能思之物的存在論規定或沒有規定究竟產生了多麼深遠的原則性影響，「發現」這一事實在哲學上將一無所獲。要對此進行評估，首先要以存在問題為準，指明古代存在論的意義與限度。這樣一來就挑明了：古代對存在者存在的解釋以最廣義的「世界」或「自然」為準，而且從「時間」中來取得對存在的領會。關於這一點的外部證據就是：存在的意義被規定為「在場」或「在」，這在存在論時間狀態上的涵義是「在場」。存在者的存在被把握為「在場」，即是說存在者就一定的時間樣式——即「現在」——而得到領會。

希臘存在論所提出的問題必須和任何存在論所提出的問題一樣，從此在本身中尋覓線索。此在即人的存在，在通俗的「定義」中正如在哲學的「定義」中一樣，被界說為「會說話的動物」，即這樣一種生命物，它的存在就本質而言由能說話來規定。假使我們著眼於存在來談及存在者，從而使存在者前來照面，那麼「說」就是一條指導線索，引導我們獲得以這種方式前來照面的存在者的存在結構。因而，在柏拉圖時期形成的古代存在論變成了「辯證法」。隨著對存在論的進一步整理，也就是說，隨著對「邏各斯」的「詮釋」的進一步整理，就越來越能徹底地把握存在問題。曾經使哲學狼狽不堪的「辯證法」此時就顯得有些多餘了。亞里斯多德之所以對辨證法「再沒有什麼了解」，那是因為他將辯證法置於一個更徹底的基礎上並拋棄了它。「說」本身，或者說——對現成的東西就其純粹的現成性的知覺，巴門尼德已經將它作為解釋存在的線索了——具有使這個東西純粹「當前化」的時間狀態上的結構。這個在當前化中並為當前化顯現的存在者，這個被領會為本真存在者的存在者，由此從現在方面獲得了解釋，這個存在者被理解為在場了。

然而，當希臘如此形成對存在的解釋時，人類對其中起作用的線索依然不清楚，對時間的基礎存在論的功能亦不熟悉甚至毫無了解，也沒有見到這種功能的深處可能性。相反，人類把時間本身當作與其他存在者並列的一個存在者，未曾明言地、質樸地以時間為準領悟存在，卻又試圖從這種存在領悟的境域上，就時間的存在結構來把握時間本身。

要想從原則上弄清楚存在問題，在這一工作範圍內不可能連帶從時間狀態上詳細闡釋古代存在論的基礎——尤其是它在亞里斯多德那裡達到在科學上最高和最純粹的階段。在此不得不對亞里斯多德論時間的著作作一點解釋。

亞里斯多德的時間論著是第一部流傳至今的、對時間這一現象解釋得最為詳細的作品。它基本上規定了後世所有人對時間的看法——包括柏格森的看法。分析亞里斯多德的時間概念，可以倒溯回看康德對時間的看法——此種看法便打轉於亞里斯多德制定出來的結構；也就是說，康德存在論的根本方向——不管他對問題的新提法與前人有多大區別——它依然是希臘式的。

只有透過一步步解構存在論傳統，存在問題才會真正變得具體而細微。這個過程將充分證明追究存在意義問題是無可逃避的，並且表現了「重提」存在問題的意義。

這一片園地中，「事情本身深深掩藏著」，在這塊園地中的任何探索工作都要防止高估自己的成果。因為可能的情況是：隨著這種追問不斷向前驅使，自然會有一道更原始、更浩瀚的境域發展出來，那便是或能求得「存在」是什麼這一問題答案的境域。唯有當我們重新喚起了存在問題，爭取到一片可加以控制的爭論園地，才有機會認真談到上面這些可能性，才有希望收穫積極的成果。

探索工作的現象學方法

現象學這個詞由兩部分組成：一是現象；一是邏各斯。在本節，海德格從這兩方面進行了詳細講解，將探索工作的現象學方法展現在大家面前。

在前幾節，已經對存在者的存在，或一般存在的意義粗略地描述了一番，隨著此番描述的越發深入，探索的方法也已經先行描繪了出來。使存在從存在者中嶄露頭角，解說存在本身，這是存在論的任務。當人類試圖從歷史上流傳下來的存在論以及諸如此類的嘗試那裡討教的時候，存在論的方法卻始終存在問題。

由於存在論這個術語是在形式上很廣的涵義下使用的，因此，循著存在論歷史來澄清存在論方法這條道路本身就行不通。

隨著存在的意義這一主導問題，探索就站到了一般哲學的基本問題上。處理這一問題的方法是現象學方法。「現象學」這個詞意味著一個方法概念。它並不描述哲學研究對象所包含事情的「什麼」，而是描述這種研究的「如何」。一種方法概念越是真切地發生作用，就越是廣泛地規定著一門科學的基調，它也就越原始地植根於對事情本身的分析之中，越遠離我們稱之為技術手法的東西。

「現象學」這個名稱表達出一個原理——可以描述為：「走向事情本身！」——這句哲理名言反對任何漂浮的、沒有根據的虛構與偶發之見，反對採納貌似經過證明的概念，反對任何偽問題——儘管它們往往一代復一代地大肆鋪張其為「問題」。

現象學這個詞由兩部分組成：一是現象；一是邏各斯。二者都可以追溯到希臘術語：「顯現者」與「邏各斯」。從外表看，現象學這個名稱就像神學、生物學、社會學這些名稱，可以翻譯為神的科學、生命的科學、社會的科學一樣，因此現象學可以簡單地理解為現象的科學。既然說現象學，就應該將它所意指的東西描述出來，把它的意義確定下來，這樣我們便可以提出現象學的先行概念。

一、現象的概念

「現象」一詞的意義是：就其自身顯示自身者，公開者。那麼「諸現象」就是：坦白於世間或能夠帶入光明中的東西的總和。

此外，現象這個詞在希臘文中也有這樣的涵義：看上去像是的東西，「貌似的東西」，「假象」。意思是說某種看上去像是不錯的東西，但事實上，它卻不像它所表現的那樣。稱為「現象」的東西有著兩重涵義，即作為假象的「現象」與作為真像的「現象」，而要想進一步領悟現象概念，全端賴這兩種涵義如何按現象概念的結構相互關聯。只有當某種東西就其意義來說根本就是假裝顯現——即假裝是現象時，它才有可能作為它所不是的東西顯現，它才有可能「僅僅看上去像……」。在作為「假象」的現象的涵義中，已經共同包含作為公開者的現象的原始涵義。公開者這種涵義對假象的涵義具有奠基作用，我們在術語的用法上以「現象」這個名稱來指現象正面和原始的涵義，使它和假象現象有所區別，假象是現象的褫奪性變式。不過，這兩個術語表達出的東西和人類用「現象」乃至「純粹現象」所稱謂的東西完全不同。

比如醫學上所說的「病理現象」，它意指身體上出現的某些變故，這些現象顯示著，在這一過程中，它們作為顯現的東西「標示著」某種不顯現自身的東西。這種變故的發生和顯現同某些現成存在著的失調並行不悖，雖然這些失調本身並不顯現。因此，現象作為「某種東西的」現象並不是顯現自身，而是透過某些顯現的東西來通報某些不顯現的東西。現象是一種不顯現。但我們不能把這個「不」同褫奪性的「不」混合到一起。褫奪性的「不」所規定的是假象結構。而以現象者的那種方式不呈現的東西，也絕不可能「作為假象」顯示。一切標示、表現、徵候與象徵都具有現象的上述基本形式結構，雖然它們自身相互之間仍存在區別。

「現象」不是一種現象意義上的顯現，現象只有根據某種東西顯現才是可能的。然而這種使現象也一起成為可能的顯現並不是現象本身。現象透過某種顯現著的東西呈報出來。因此，如果世人說，我們用「現象」這個詞是指這樣一種東西，在其中有某種本身不是現象的東西顯現出來，那這還不是對現象概念進行界說，而是將現象概念設為前提了，不過，這一前提仍然掩蔽著，因為在這般規定「現象」的時候，人類是在雙重意義上使用著「現象」這個詞。所謂在其中有某種東西「現象」，意思是說：在其中有某種東西表現出來，亦即這一東西並不顯現。而在「本身並不是『現象』」這句話裡，現象則意味著顯現，但這個顯現本質上卻屬於某種東西在其中呈報的那個「何所在」。因此，現象絕不是現象，儘管任何現象都指向現象。倘若人類借「現象」這個尚且含糊不清的概念來定義現象，那就完全本末倒置了，從這一基礎上對現象學進行「批判」自然是古怪無稽之舉了。

「現象」這個詞本身可能有兩層意思：一是作為不顯現而是呈報意義上的現象，一是呈報者本身——它在其顯現中指點出某種不顯現的東西。此外，人類還可能把現象用來稱謂現象的真切意義稱作顯現。人類將這三種不同的情況都標識為「現象」，混亂也就再所難免了。除了以上三種涵義外，「現象」還可以有另外一種涵義：呈報者在其顯現過程中指點不公開的東西，如果人類把這種呈報者把握為在本身就不公開的東西身上浮現出來的東西，把握為從本身就不公開的東西那裡輻射出來的東西，而這不公開的東西又被設想為根本不會公開的東西，那現象就恰恰等於呈獻或被呈獻的東西，但這種被呈獻的東西又不構成呈獻者的本真存在。這種現象就是「純粹現象」意義上的現象。

被呈現出來的呈報者雖然顯現自身，但是作為它所呈報的東西的輻射又恰恰在其自身掩藏著所呈報的東西。但是，這種被掩藏著的不顯現不是假象。

對於「透過某種呈現者呈報出來」這一定義下的「現象」來說，現象有著組建的作用；同時，現象也可能以褫奪方式演變為假象。只要如此，現象就能夠變成純粹假象。在某種特定的光照下，某人可能看上去雙頰赤紅，這種顯現著的赤紅可能呈報著發燒的現成存在，而發燒又預示著機體失調。

現象——就其自身顯示自身——意味著與某種東西的獨具一格的照面方式。而現象則相反，它指存在者本身某種存在著的指引關聯；即指引者就其自身顯現著，只有當指引者是「現象」，它才能完全具有它所可能的功能，現象和假象以自己獨有的方式奠基於現象。人們用假象、現象、純粹現象這些名稱來稱謂「現象」，只有我們一開始就把現象概念領會為「就其自身顯現自身」，我們才能理清「現象」在上述形形色色的混亂狀態。

假使在把握現象概念時始終不規定所談的、作為現象的是怎樣一種存在者，假使根本不管顯現者究竟是某種存在者還是存在者的某種存在性質，那我們所獲得的還僅僅是形式上的現象概念。但是，如果將存在者領會為顯現者，那形式上的現象概念就算得到了正確運用，現象的這種用法只是具備了通俗現象概念的涵義，但還不是現象在現象學上的概念。如果僅限於康德對問題的提法（先拋開這種提法與現象學所理解的現象有什麼不同），我們可以這樣來描繪現象學上所理解的現象——在現象中，那種向來已經先行於且同行於通俗領會現象的東西已經顯現出來；此種顯現雖不是以專題方式，但它能夠透過專題方式加以顯現，而這種就其自身顯示自身的東西（「直觀形式」）就是現象學的現象。

且不管還能怎樣更貼切地規定顯現者，只要想對現象學的一般現象概念有所領會，其必須面對的先決條件就是：洞見形式上現象概念的意義，洞見在通俗涵義下對這一概念的正確運用的意義。不過，在確定現象學的先行概念之前，還必須界說「邏各斯」的涵義，這樣才能清楚現象學究竟在何種意義下能夠成為「關於」現象的「科學」。

二、邏各斯的概念

柏拉圖與亞里斯多德認為，「邏各斯」這個概念具有多種涵義，這些涵義甚至相互對抗，沒有一個基本涵義在積極地主導它們。事實上，這只是假象。只要我們的闡釋不能就其本來內涵適當把握邏各斯的基本涵義，這種假象便會持續下去。倘使我們說：邏各斯的基本涵義是言談，那麼就必須先規定「言談」這個詞本身說的是什麼，這種字面上的翻譯才能有用。邏各斯的詞義歷史尤其為後世哲學家隨心所欲地闡釋，不斷掩飾著言談的本真涵義。這涵義其實顯而易見。

邏各斯一向被解釋為：理性、判斷、概念、定義、根據、關係。但「言談」怎麼能變出這麼多的樣式，而且還是在科學的語言用法範圍內？即使把邏各斯的意義領會為陳述，但陳述又作為「判斷」時，這種看似正當的翻譯仍然可能使邏各斯的基本涵義與它失之交臂；假使我們在當今任何一種「判斷理論」的意義上理解判斷，情況就更不樂觀。假使人類把判斷領會為一種「聯結」或一種選取角度（認可、反對），那邏各斯說的就不是判斷。

亞里斯多德把言談的功能更精細地解說為：有所展示。邏各斯是讓人看某種東西，讓人看言談所談及的東西，而這個看是對言談者（中間人）來說的，也是對相互交談的人來說的。言談「讓人」從某些方面「來看」，讓人從言談所及的東西本身方面來看。只要言談是真切的，那言談中之所談就當取自言談之所涉；只有這樣，言談才能藉助所談的東西把所涉的東西公開出來，從而使別人也能夠通達所涉的東西。這就是邏各斯展示的結構。這種「使……公開」的意義即展示出來讓人看。當然，並不是所有「言談」都具有這種意義上的「使……公開」的樣式。

在具體的言談過程中，言談具有說的性質——以詞語方式付諸聲音。邏各斯就是發出聲音——而且是向已所見的發出聲音。

言談之為展示，其功能在於把某種東西展示出來讓人了解；只因為如此，邏各斯才具有綜合的結構形式。綜合在這裡並不是說表象的聯結或紐結，也不是說對某些心理上發生的事情進行操作——從諸如此類的關聯方面會產生出這樣的「問題」來：那就是這些（心理上的）內在的東西如何同外部物理的東西相符合？邏各斯在這裡純粹是展示的意義，它等於說：就某種東西和某種東西共處的情形讓人看，把某種東西作為某種東西讓人看。

再者，正因為展示是讓人看，所以它才可能是真的或是假的。在這裡，問題也完全是不要沾染「符合」那種意義上的虛構的真理概念。這種觀念根本不是（去除掩蔽）這一概念中的本來觀念。邏各斯的「真在」說的是：把言談所及的存在者就其掩蔽狀態拿出來，讓人將它當作去除掩蔽的東西來看待，換句話說，揭示言談所及的存在者。同樣地，「假在」說的是遮蔽這一意義上的欺騙，將某種東西放到一種東西的前面（讓人看），從而（將它擋住）使它作為它所不是的東西呈現出來。

但正因為「真理」具有這一意義，而邏各斯則是讓人看的一種確定樣式，所以邏各斯才不能被視為真理本來的「處所」來談。現在，人類習以為常地把真理規定為「本真地」歸屬於判斷的東西，而且還援引了亞里斯多德的論點；然而，這種援引沒有絲毫道理可言，它首先誤解了希臘的真理概念。在希臘的意義上，「真」是知覺對某種東西的樸實感性覺知，它比上面談到的邏各斯更加原始。只要一種知覺的目標是它自己的專職——亦即這種存在者天生只能透過它並且只能為了它才可通達，譬如以顏色為目標，那麼覺知總是真的。這等於說，看總揭示顏色，聽總揭示聲音。在這種最純粹、最原始的意義上，「真」只是有所揭示，從而再不可能矇蔽。而純粹認識則以樸實直觀的方式覺知存在者之為存在者這種最簡單的存在規定性。

倘若揭示的形式不再是純粹的讓人看，而是在展示過程中回溯到另外某種東西，這樣也就是讓人把某種東西作為某種東西來看，在這種綜合結構裡就有矇蔽的可能性。「判斷的真理」卻只是這種矇蔽的反例。實在論與唯心論都以同樣的徹底性錯失了希臘的真理概念，而人類從希臘的真理概念竟只能領悟出這種可能性，即是把諸如「理念學說」之類的東西充當為哲學的知識。

因為邏各斯的功能僅在於單純地讓人看某種東西，在於讓人覺知存在者，所以，邏各斯又可以意指理性。此外，邏各斯可以意味著這樣一種東西：它作為某種由它談起的東西，乃在它同某種東西的關係中才變得明白可見，即在它的「相關性」中才變得明白可見；所以，邏各斯又具有關係與相關的涵義。

對「構詞法上的言談」所作的這一番解釋，大致足以弄清楚邏各斯的本來功能了。

三、現象學的先行概念

現象學即是說：讓人從顯現的東西本身，如它從其本身所顯現的那樣來看它。這就是取名為現象學的研究形式上的意義。然而，這裡表達出來的東西無非就是前面曾表述過的座右銘：「走向事情本身！」

因此，「現象學」這個名稱就其意義來看不同於「神學」之類的名號。「現象學」這個詞只不過告訴我們如何展示和處理這種東西。「現象的科學」等於說，以這樣的方法來把握它的對象——關於這些對象所要討論的一切都必須以直接展示和直接指示的方式加以描述。「描述性的現象學」具有同樣的意義，在這裡，描述並不意味著植物形態學之類的處理方式——這個名稱還有一種禁忌性的意義：遠避一切不加以展示的規定活動。描述性本身就是邏各斯特有的意義。只有從被描寫的東西的「實是」出發，才能將描述性本身確立起來。無論是現象概念的形式意義或是其通俗意義，都使我們有理由如此從形式上界定現象學：凡是如存在者就其本身所顯現的那樣展示存在者，我們都稱之為現象學。

那麼，形式上的現象概念若要脫其形式而轉化為現象學的現象概念，要考慮哪些問題呢？如何區分現象學的現象概念和通俗的現象概念？現象學要「讓人看」的東西是什麼？必須在與眾不同的意義上稱為「現象」的東西又是什麼？什麼東西依其本質就必然是突出地展示活動的課題？顯然是這種東西：它通常不太顯眼和通常顯現著的東西相對，它隱而不露；但同時它又從本質上包含在通常顯現著的東西中，其情況是：它構成這些東西的意義與根據。

這個在不同尋常的意義上隱藏的東西，或又反過來淪為遮蔽狀態的東西，或僅僅「以偽裝方式」顯現的東西，卻不是存在者，而是像前面考察所指出的，是存在者的存在。存在遮蔽得如此深遠，乃至存在被遺忘了，存在及其意義的問題也就無人問津。因此，什麼東西發自其最根本的實質內容而以一種與眾不同的意義要求成為現象，它就由現象學作為專題對象收入了「掌握」之中。

無論什麼東西成為存在論的課題，現象學總是通達這種東西的方式，總是透過展示來規定這種東西的方式。存在論只有作為現象學才有可能。現象學的現象概念意指這樣的顯現者：存在者的存在和這種存在的意義、變式和衍化物。而顯現並不是隨意的顯現，更不是現象這類事情。存在者的存在絕不會是那種東西——似乎還有什麼「不現象的東西」在它背後。

在現象學的現象「背後」，本質上並沒有別的東西，但成為現象的東西仍有可能深藏不露。因為現象通常是未給予的，所以才需要現象學。遮蔽狀態是「現象」的對應概念。

現象或許有各式各樣的掩蔽方式。有時現象還未經揭示，它可能在這種意義上遮蔽著。一種現象可能被掩埋。這種情況是：它以前曾被揭示，但後來又重新淪為遮蔽狀態。遮蔽狀態可以成為完全的遮蔽狀態，但通常情況是：從前被揭示的東西作為假象還看得見。然而，有多少假象就有多少「存在」。這種作為「偽裝」的遮蔽是最經常也最危險的遮蔽，因為在這裡，欺騙和引入歧途的可能性特別頑固。這一類存在結構雖然可供利用，但是它們的地基是否穩固，這一點還不清楚，也許這些存在結構及其概念可以在某種「體系」的內部要求其權利。而這個體系作為毋須進一步辯護的、「清清楚楚的」東西，就可以被用作出發點來進一步演繹。

無論將遮蔽把握為掩藏還是掩埋、偽裝，遮蔽本身總是具有雙重可能。一是偶然的遮蔽，一是必然的遮蔽；必然的遮蔽奠基於被揭示者的存在方式。所有從源頭吸取的現象學概念與命題，一旦作為傳達出來的命題，無不可能蛻化。這種命題會在空洞的領悟中人云亦云，喪失其地基的穩固性，變成漂浮無據的論點。原始的「掌握」會僵化而變得不可掌握；在現象學本身的具體工作中就有這種可能性。這種研究的困難之處就是要在一種積極的意義上使這種研究對它本身形成批判。

存在及其結構在現象這一樣式中的照面方式，還要從現象的對象那裡爭而後得。所以，分析的出發點通達現象的道路，穿越占據統治地位的掩蔽狀態的通道，這些還要求獲得本身方法上的保證。「本源」、「直覺」把握和解說現象，這與「偶然」、「直接」、「不經思索」觀看相對立。

界說完現象學的先行概念後，在這一地基上，也就能夠確定「現象的」和「現象學的」這兩個術語的涵義了。以現象的照面方式給予的以及可用這種方式解說的，稱為「現象的」；現象的結構這種說法便由此產生。而所有屬於展示方式與解說方式的東西，所有構成這種研究所要求的概念方式的東西，則通稱為「現象學的」。

基於現象學所領會的現象只是構成存在的東西，而存在又向來是存在者的存在，因此，若意在顯露存在，則先要以正確的方式提出存在者本身。存在者亦同樣須以了然通達它的方式顯現出來。於是，通俗的現象概念在現象學上變得大有關係。必須從「現象學上」保證典型的存在者作為本真分析工作的出發點，這一首要的任務已經由分析工作的目標先行描繪出來了。

從其所包含的事實情形來說，現象學是存在者的存在科學，即存在論。前面對存在論任務的解說中，曾產生出基礎存在論的必要性。基礎存在論將存在論中存在者狀態上與眾不同的存在者——即此在——作為課題，這樣它就把自己帶到了關鍵的問題——「一般存在的意義」這個問題面前來了。從這種探索自身出發，結果就是：現象學描述的方法上的意義就是解釋。此在現象學的邏各斯具有詮釋的性質。透過詮釋，存在的本真意義與此在本己存在的基本結構就向居於此在本身的存在之領悟宣告出來。此在的現象學就是詮釋學，這是就詮釋學這個詞的原始涵義來說的，因此，詮釋學代表著這項解釋工作。

但只要發現了存在的意義與此在基本結構的意義，也就為進一步對非此在式的存在者進行種種存在論研究提供了境域。如果真是如此，詮釋學就是另一種意義上的詮釋學——整理出一切存在論探索之所以可能的條件。最後，此在比其他所有存在者在存在論上都更為優先，因為它只是在生存可能性中的存在者；與此相對應，詮釋學作為此在的存在解釋就具有特殊的第三重的意義：它是生存的生存論狀態的分析工作——從哲學上來領會這重意義是首要意義。此種意義下的詮釋作為歷史學在存在者狀態上之所以可能的條件，在存在論上把此在的歷史性構建起來；只要如此，那麼只可在衍生方式上稱作「詮釋學」的東西——也就是歷史學性質的精神科學的方法論——便植根於第三重意義下的詮釋學。

作為哲學基本課題的存在不是存在者的族類，但卻牽涉到每一個存在者。需要在更高處尋求存在的「普遍性」。存在與存在的結構超出一切存在者之外，超出存在者一切可能的、具有存在者方式的規定性之外，存在地道是超越者。此在存在的超越性是一種與眾不同的超越性，因為最徹底個體化的可能性與必然性就在此在存在的超越性之中。存在這種超越者的一切發展都是超越的認識。現象學的真理（存在的發展狀態）乃是超越的真理。

存在論與現象學不是兩門不同的哲學學科，而是並列於其他屬於哲學的學科。這兩個名稱從對象與處理方式兩方面描述哲學本身。哲學是普遍的現象學存在論；它從此在的詮釋出發，而此在的詮釋學作為生存的分析工作，則將一切哲學發問的主導線索的端點固定在此種發問所從之出且向之歸的地方上。

對現象學先行概念的解說表示：現象學中，本質的東西不在於它作為一種哲學的「流派」才是現實的。可能性高於現實性。現象學的領悟只在於把現象學當作可能性來加以掌握。

「在之中」之為「在之中」

「在之中」有別於一現成東西在另一現成東西「之中」的那種現成的「之內」；「在之中」不是現成主體的性質，好像這種性質可以透過「世界」的現成存在受到影響，哪怕只是引發出來；「在之中」就是這種存在者本身本質性的存在方式。

「在之中」的任務

我們要追問的「在之中」，不可能透過從其他現象衍生出這一現象的方法，也就是透過某種分解意義上的不適當分析方法來毀掉現象的原始性。但原始東西的非衍生性並不排除對原始東西具有組建作用的存在性質的多樣性。假使這些性質是顯現出來的，它們在生存論上就等同於原始的。

存在論在此在的分析工作在其準備階段中以這一存在者的基本結構——即在世為主題。這一工作的具體目標是從現象上端出此在存在的原始統一結構；此在「去在」的方式及其可能性由此而從存在論上得到規定。對「在世界之中」的現象描述到現在依然依循著

「世界這一結構環節及在世的存在者在其日常生活中是誰」這一問題的答案來進行。但是，從一開始提示出對此在進行準備性的基礎分析這一任務時，就先對「在之中」本身進行了說明，且以對世界的認識這一具體樣式為例進行了闡發。

之所以一開始提出這一結構環節，目的在於：要在一開始分析個別環節的時候就以一種貫徹始終的眼光來視察整體，防止統一的現象支離破碎。現在，可以將闡釋工作引回「在之中」現象上，另外，還可以保持著在具體分析世界及「誰」的時候所獲得的東西。這樣可以更深入地考察這一現象，這不僅能讓現象學的眼光以煥然一新和更加牢靠的方式來透視在世界之中存在的結構整體，還能開闢出一條新路，憑此把握此在本身的原始存在——操心。

除「寓世」（操勞）、共在（操持）、自己存在（誰）之間的本質關聯外，「在世」還有什麼東西可以更進一步地展示呢？至少還可以比較和描述操勞、找尋的種種衍化與操持及其顧視的種種衍化，從而擴建我們的分析工作；此外，我們還可以透澈解說一切可能的世內存在者的存在，從而將此在從非此在式的存在者那裡顯露出來。在這一點上，還有尚未完成的任務。若想在哲學人類學將生存論的先天東西都整理出來，先前提出的東西還有待多方面的補充。但是，這並不是我們要追問的目標。我們要追問的是「在之中」。我們不可能透過從其他現象衍生出這一現象的方法，也就是透過某種分解意義上的、不適當的分析方法來毀掉這一現象的原始性。但原始東西的非衍生性並不排除對原始東西具有起組建作用的存在性質的多樣性。假使這些性質是顯現出來的，那它們在生存論上同等原始。組建環節的同等原始性現象在存在論上經常被忽視；為什麼會這樣？這是因為人類在方法上沒有任何管束，事無大小，總喜歡用一個簡單的「原根據」來指明其淵源。

倘若從現象上來描述「在之中」自身，應該從哪方面著手？我們在提示這種現象的時候，曾向持現象學態度的人群表示：「在之中」有別於一現成東西在另一現成東西「之中」的那種現成的「之內」；「在之中」不是現成主體的一種性質，這種性質彷彿可以透過「世界」的現成存在受到影響，哪怕只是引發出來；「在之中」就是這種存在者本身本質性的存在方式。只要能記住這些，我們就能得到剛才所提問題的答案。除了一個現成主體與一個現成客體之間的現成交往，此種現象還提供了什麼東西？這種解釋如果是說：此在就是這一「之間」的存在，那它可能離現實本身的情況還要近些。

儘管如此，依這個「之間」走下去仍會誤入歧途。這種做法無疑設定了這個「之間」本身「在」其間的存在者，而這種存在者在存在論上並沒有明確地加以規定。這個「之間」已經被理解為兩個現成東西契合的結果。可是，先行設定這些東西總是會破裂這種現象，而想用那些碎片重新合成這一現象根本不可能。存在論上的關鍵就在於先行防止這種現象的碎裂，換句話說，就是保證正面的現實實情。倘若對此還要深談下去，也不過是表達：有些東西在存在者層次上本來就不言而喻，但「認識問題」的流傳下來的處理方式，往往將它們在存在論上加以種種偽裝，致使它們全然不可視見。

本質上由「在世」組建起來的存在者，其本身就是它的「此」。按大家所熟知的詞義，「此」可理解為「這裡」或「那裡」。一個「我這裡」的「這裡」總是從一個相對而言的「那裡」來領會自身；這個「那裡」的意義則是有所去遠、有所定向、有所操勞地向這個「那裡」存在。此在的生存論空間性以這種方式規定著此在的「場所」；而此種空間性本身則基於在世。「那裡」是世界之內來照面的東西的規定性。只有在「此」之中，「這裡」和「那裡」才有可能。這個存在者在它最本身的存在中有解除封閉狀態的性質。「此」這個詞意指本質性的展開狀態。透過此種展開狀態，存在者（此在）就會同世界的在此一起，為它自己而在「此」。

在存在者層次上透過形象生動的語言談到的在人之中的人性之光，無非是指這種存在者的生存論存在結構：它以自身的此在方式存在。它是「已經澄清的」，這等於說：它作為在世的存在就其本身而言是敞亮的——非由其他存在者來照亮，而是它本身就是敞亮的。

只有對於從生存論上已經敞亮的存在者，現成的東西才有可能在光明中通達，在晦暗中有所掩蔽。此在從來都是帶著它的此。此在若是缺乏這個此，就不會成為其具有這種本質的存在者。此在即它的展開狀態。

在此諸存在性質的分析是一種生存論分析。換句話說：這些性質不是現成東西的屬性，它們在本質上是生存論上存在的方式。因此，我們必須將它們在日常生活中的存在方式整理出來。

在此——作為現身

「現身」是一種生存論上的基本方式，「此在」在這種方式中乃是它的此。現身在存在論上描述著此在的特性，此外，它還對生存論分析工作具有根本的方法論涵義。現象學的闡釋必須把原始發展活動的可能性給予此在本身，可以說必須讓此在自己解釋自己。在這種活動中，現象學闡釋只是隨同行進，以便從生存論上把展開東西的現象內容提升為概念。

我們在存在論上用「現身」這個名稱所意指的東西，在存在者層次上是最為大家熟知和最為日常的東西：情緒；有情緒。在談論情緒心理學之前，應當將這種現象看作基本的生存論環節，且應當勾勒出它的結構。

日常生活中的心平氣和或是心煩意亂，或者從心平氣和轉為心煩意亂，或是從心煩意亂轉為心平氣和或情緒沮喪；像這一類的東西，在存在論上並不是可有可無，儘管這些現象可能一向被當作此在中最無足輕重的東西和最游離易變的東西而束之高閣。人的情緒很容易發生變化，可能突然就變得無精打采，但是，此在總是有情緒的。沒情緒不應當與情緒沮喪混為一談。這種平淡、懶散的沒情緒也絕對不是可有可無的。恰恰是在這種沒情緒中，此在對它自己厭倦起來。存在作為一種負擔公開出來了。在情緒中，此在被帶到它作為「此」的存在面前來了。相反，激昂的情緒則能擺脫公開存在的負擔。情緒公開了「某人覺得如何」這種情況。在「某人覺得如何」之際，有情緒把存在帶進了它的「此」。

在情緒中，此在經常作為存在者以情緒方式展開了——此在在它的存在中曾被託付於此在生存著就不得不在的那個存在。「展開了」並不等於說「如其本然被認識了」。而正是在這種無關緊要的日常狀態中，此在的存在才能夠作為赤裸裸的「它在且不得不在」暴露出來。純粹的「它存在著」顯現出來，而從哪兒來、又要去哪裡依然留存於晦暗之中。在日常狀態下，此在同樣常常不向諸如此類的情緒「讓步」，即是說，不追隨這些情緒發展活動，不肯被帶到展開的東西面前，但這也不是以下現象實情的反證：「此之在」在其「它存在著」之中以情緒方式展開了。相反，這倒是有這種現象實情的證據。此在在存在者層次上和生存上通常閃避在情緒中展開了的存在，這在存在論生存論意義上則是說：在這種情緒不肯趨就之處，此在委託給了這個此已昭然若揭。在閃避本身中，此是展開的此。

此在從哪裡來、又要去哪裡一直到現在還沒弄明白，但是關於此在本身卻越來越清晰——此在這種展開的存在性質，這個「它存在著」，我們稱之為這一存在者被拋入它的此的被拋境況。其基本情形是：這個存在者在世界之中就是這個此。被拋境況這個詞指的應是託付的實際情形。在現身中展開的「它存在著」必須被理解為那種以在世這一方式來存在的存在者的生存論規定性。實際性並不是一個現成東西的（僵硬的事實）事實性，而是此在的一種被接納到生存之中的（儘管是遭受排擠的）存在性質。實際之為實際的「它存在著」從不擺在那裡等待被發現。

具有此在性質的存在者是它的此，其方式表現為：或是明言或是未明言地現身於它的被拋境況中。在現身中，此在總被帶到它自己面前來，它發現自己，非有所感知地發現自己擺在眼前，而是帶有情緒的自己現身。身為託付給自己存在的存在者，此在也託付給以下情況：它總能發現自己——這種發現與其說來自一種直接的尋找，不如說是來自於一種逃避。情緒並非透過觀望被拋境況而發展，它是作為趨就和背離而發展。情緒通常不遷就此在在情緒中公開的負擔性質。當此種負擔性質在激昂的情緒中被解脫出來時，情緒更不會去遷就它。這種背離往往以現身的方式來展示它所是的東西。

倘若人類將展開的東西和帶有情緒的此在「同時」認識的、知道的和相信的東西混為一談，如此一來，人類在現象上就完全誤解情緒發展了什麼以及它如何發展。即便此在「確信」其「要往哪」，或者在理性的追查中以為它知道從哪來，這些依然否定不了下述現象：情緒將此在帶到它的此的「它存在著」面前來了。

而這個「它存在著」正在和此在相互窺視。在生存存在論上，不能用關於現成東西的某種毋庸置疑的理論認識的確定性來衡量現身的「明白確鑿」。對現身現象的另外一種曲解則是把現身現象推進非理性事物的避難所而不聞不問。

此在實際上可以憑藉知識與意志成為情緒的主人，這種情況也許在生存活動的某些可能方式上意味著意志和認識的優先地位。當然，切不可由此誤入歧途，從而在存在論上否定情緒是此在的原始存在方式，否定此在以這種方式先於一切認識和意志，超出二者的發展程度而對它自己展開了。現在，我們可以得出現身的第一項存在論的本質性質：現身在此在的被拋境況中發展此在，且以背離方式發展著此在。

由此看出，現身根本就沒有一種先前把握的性質；一切內省之所以能發現「體驗」擺在那裡，倒只是因為此已經在現身中展開了。「純粹情緒」將此在發展得更原始些；然而，相比任何不感知，它也相應地將這個此封鎖得更為頑固了。

這種情況得以透過沮喪情緒來顯示。在沮喪的時候，此在面對自己，視而不見，操勞所及的周圍世界一片迷茫。現身遠不是經由反省的，它恰恰在此在無所反省地委身任情於它所操勞的「世界」之時攻擊此在。情緒來襲，它既不是從「外」，也不是從「內」，而作為在世的方式從在世本身中升起。如此一來，我們毋須再限於消極地劃分現身和對「內心」的反省掌握之間的界限，而可以更進一步地洞見現身的發展性質。情緒一向把在世作為整體展開，同時使我們可能向著某某東西制定方向。情緒並非首先涉及到靈魂上的東西，它本身也絕不是一種內在的狀態，彷彿這種狀態而後又以謎一般的方式升騰而出，並給物和人塗上一層色彩。如此，就顯示了現身的第二項本質性質。世界、共同此在和生存被同樣原始地展開，現身是它們在生存論上的基本方式，因為展開狀態本身本質上就是在世。

現身除了上面已經闡明的本質規定性外，還有第三點需要注意，注意這一點有助於更深入地領悟世界之為世界的涵義。現在，我們可以從現身出發而更鮮明地看到，尋視而操勞著讓某某東西來照面具有牽連的性質。這種可發生牽連的狀態奠基於現身之中，是現身將世界向著可怕展開了。只有現身在懼怕或是無所懼怕之中的東西，才能把從周圍世界上的東西作為可怕的東西揭示出來。現身的情緒從存在論上組建著此在世界的敞開狀態。

只因為「感官」在存在論上屬於一種具有現身在世的存在方式的存在者，因此，感官才可能被「觸動」，才可能對「某某東西有感覺」，而使觸動者在感觸中顯現出來。倘若不是現身在世的存在已經指向一種由情緒先行標畫出來的、同世內存在者發生牽連的狀態，那無論壓力和阻礙多大都不會出現感觸這類東西，而阻礙在本質上也仍舊未被揭示。從存在論上來看，現身中有一種發展著指向世界的狀態，發生牽連的東西照面於指派狀態方面。從存在論原則上看，我們必須將原本對世界的揭示留歸「單純情緒」。純直觀即便能深入到一種現成東西存在的最內在脈絡，它也絕不能揭示可怕的東西。

在最先發展著的現身基礎上，日常尋視廣泛地發生誤差、產生錯覺。按對「世界」絕對認識的觀念來衡量，這種情形不真實。然而，這種在存在論上沒有道理的估價完全忽視了可以發生錯覺這種情況在存在論上的積極性質。恰恰是在對「世界」這種不恆定的、隨情緒發生變化的看中，上手事物才以某種特有的世界性顯現出來，而世界之為世界是不斷變化的。理論觀望卻已經將世界淡化到純粹現成東西的齊一性中了。當然，在現成東西的齊一性之內，包含著以純粹規定即可加以揭示的東西的一種新財富。然而，即便是最純的理論也不曾甩開一切情緒。只有當理論能夠平靜地逗留於某某東西，而在閒暇和愉悅中讓現成事物來遷就自己的時候，現成的東西才會在純粹外觀中向著理論顯現出來。認識的規定活動是透過現身在世組建起來：把這一生存存在論上的建構展示出來，和試圖從存在者層次上將科學移交給「感情」乃是不應互相混淆的兩回事。

此在被拋向、被指派向隨著它的存在總已展開的世界。現身不僅在這種被拋境況和指派狀態中發展此在；現身本身就是生存論上的存在方式。此在以這種方式不斷把自己交付給「世界」，讓自己同「世界」有所牽涉；其方式是此在以某種方式逃避它自己。這種閃避的生存論情形在沉淪現象中顯而易見。

現身是一種生存論上的基本方式，此在在這種方式中乃是它的此。現身在存在論上描述著此在的特性，此外，它還對生存論分析工作具有根本的方法論涵義。現象學的闡釋必須把原始發展活動的可能性給予此在本身，可以說必須讓此在自己解釋自己。在這種發展活動中，現象學闡釋只是隨同行進，以便從生存論上把展開東西的現象內容提升為概念。

在此——作為領會

世界的在此乃是「在之中」。同樣的情況，這個「在之中」也在「此」，作為此在為其故而在的東西在「此」。在「為其故」之中，「存在在世界之中」本身是展開的，而其展開狀態曾被稱為「領會」。在對「為其故」的領會之中，深藏於這種領會的意蘊是一同展開的。

現身情態是「此」之在活動於其中的生存論結構之一。領會和現身一樣原始地構成此之在。現身向來有其領會。領會又總是帶有情緒的領會。既然我們將帶有情緒的領會闡釋為基本的生存論環節，那也就表示我們將這種現象領會為此在存在的基本樣式。相反，領會如果指的是其他種種可能認識方式中的一種，譬如說某種與「解說」不同的認識方式，這種意義上的「領會」就必須和「解說」一起被闡釋為共同構成此之在原始「領會」於生存論上的衍生物。

此在生存著就是它的此，這等於說：世界在「此」。世界的在此乃是「在之中」。同樣的情況，這個「在之中」也在「此」，作為此在為其故而在的東西在「此」。在「為其故」之中，「存在在世界之中」本身是展開的，而其展開狀態曾被稱為「領會」。在對「為其故」的領會之中，深藏於這種領會的意蘊是一同展開的。領會的展開狀態作為「為其故」的展開狀態以及意蘊的展開狀態同樣原始地涉及整個在世。意蘊就是世界本身向之展開的東西。「為其故」和意蘊在此在中展開。換句話說，此在是為它自己而在世的存在者。

在存在者層次上的言辭中，我們有時對某事使用「有所領會」這種說法，它的涵義是「會某事」、「能夠領會某事」或是「能做某事」、「勝任某事」。在作為生存論環節的領會之中，所能者並不是任何「什麼」，而是作為生存活動的存在。在生存論上，領會包含有此在之為能在的存在方式。此在不是一種附加能夠做事能力的現成事物。此在原是可能之在。此在一向是它所能是者；此在如何是其可能性，它就如何存在。此在本質性的可能之在涉及到對「世界」的操勞和為他人的操持。而在這一切之中卻也總已經涉及向它本身並為它本身之故的能在了。

因此在生存論上向來所是的那種可能之在，和空洞的邏輯上的可能性有所區別，也和現成事物的偶或可能有所區別。可能性作為表示現成狀態的情態範疇意味著並沒有現實的和永無定論的東西。這種描述僅僅是可能的東西。它在存在論上低於現實性和必然性。相反，作為生存論環節的可能性卻是此在的最原始最積極的存在論規定性。就像對一般的生存論結構一樣，對可能性問題一開始也只能做一些準備工作。領會作為有所發展的能在則為能夠看到這種可能性提供了現象基礎。

存在論上的可能性並不意味著「隨心所欲」。此在本質上是現身的此在，它陷入了某些可能性。此在作為它所在的能在讓這些可能性從它這裡一滑而過，它不斷捨棄自己的存在可能性，抓住這些可能性或抓錯這些可能性。但是：此在是委託給它自身的可能之在，是徹底被拋的可能性。此在是自由地為最本己的能在而自由存在的可能性。在種種不同的可能方式和程度上，可能之在對此在本身是透明的。

領會是這種能在的存在：這種能在不作為尚未現成的東西而有所期待，這種能隨此在之在於生存意義上「存在」。此在以這樣的方式存在：它對這樣或那樣去存在總已經有所領會或者沒有領會，此在「知道」它於何處隨它本身一道存在，換句話說，是隨它的能在一道存在。這個「知道」並非源於一種內在的自我感知，它屬於此之在，而這個此之在本質上就是領會。只因為此在領會著它的此，由此它才會迷失自己。只要領會是現身的領會，只要它作為現身的領會於生存論上已經交付給了被拋境況的領會，那麼此在就已經迷失自己了。從而，此在在它的能在中委託給了於它種種可能性中發現自身的可能性。

領會是此在本身能在的生存論意義上的存在，其情形是：這個於其本身的存在發展著隨它本身一道存在的何所在。

作為發展活動，領會始終牽涉到「在世界之中存在」的整個基本建構。「在之中」作為能在向來就是能在世界之中。不僅世界作為可能的意蘊展開，且世界內存在者本身的開放也是向它的種種可能性開放。上手事物在它的有用、可用和可怕中被揭示為上手事物。因緣整體性作為上手事物的可能聯絡的範疇整體綻露出來。甚至形形色色的現成事物的「統一」（即自然）也只有根據它可能性的展開才可揭示。自然存在的問題仍然歸於「自然之可能性的條件」，這是一種偶然嗎？這一發問的根源在哪裡？為什麼我們將非此在式的存在者向著它可能性的條件展開時，我們就能領會它的存在？

按照可在領會中展開東西的任何本質緯度，領會總是突入多種可能性之中，這是為什麼呢？因為領會於它本身就具有我們稱之為籌劃的那種生存論結構。領會將此在的在向著此在的「為何之故」加以籌劃。籌劃是使實際上的能在得以具有活動空間的生存論上的存在建構。此在作為被拋的此在被拋入籌劃活動的存在方式中。此在想出了一個計畫，且依這個計畫安排自己的存在，這和籌劃活動完全是不相關的兩回事。此在作為此在，對自己早就有所籌劃。此在只要存在，它就籌劃著。此在總是從可能性來領會自身。領會的籌劃性質又表示：領會本身並不把它向之籌劃的東西作為專題來把握。這樣一來，恰恰取消了所籌劃之事的可能性，使之降低為一種已有所意指的、給定的內容；而籌劃卻在拋棄中將可能性作為可能性抛到自己面前，讓可能性作為可能性來存在。領會作為籌劃以這種方式存在——在這種方式中，此在恰恰就是它的種種可能性之為可能性。

籌劃自始至終牽涉到在世的整個展開狀態：領會作為能在，其本身具有多種可能性，這些可能性可以於領會中展開東西的範圍內被先行勾勒出來。領會可以置身於世界的展開狀態中，也可以將自己抛入「為何之故」，也就是說：此在如其本然地生存著。領會可以是本真的領會，也可以是非本真的領會。這個「非」並不是說：此在將自己從它本身切斷，而「僅僅」領會世界。世界屬於此在的自己存在，而自己存在就是在世的存在。無論是非本真的領會或是本真的領會都有可能是不真實或真實的。領會作為能在徹底貫穿著的可能性。置身於領會的這兩種可能性之一卻不排斥另一可能性。領會向來關涉到此在在世的整個展開狀態，因此，領會的「置身」乃是整體籌劃的一種生存論上的變式。在對世界的領會中，「在之中」也被一同領會了，對生存本身的領會也是對世界的領會。

此在作為實際的此在，向來已經將它的能在置於領會的一種可能性中。

就其籌劃性質來說，領會在生存論上構成我們稱之為視的東西。操勞活動的尋視、操持的顧視以及對存在本身——此在一向為這個存在如其所是地存在的視，這些都已經被證明為此在存在的基本方式。同樣原始地依照這些基本方式，此在乃是在生存論上隨著此展開地存在著的視。那個首要地和整體地牽涉到生存的視，我們稱之為透視。之所以選擇這個術語來標明領會得恰當的「自我認識」，以此指明：自我認識所說的並非透過感知察覺和靜觀一個自我點，而是貫徹在世的所有本質環節來領會掌握在世的整個展開狀態。只有當生存著的存在者同樣原始地在它的寓世之在及共他人之在——它們都是在它生存的組建環節中對自己成為透澈明晰的，它才「自」視。

反過來說，此在的模糊不清也並非唯一地或首要地植根於「自我中心」的自欺欺人，而是同樣植根於對世界的不認識。

我們用敞亮來描述此在的展開狀態，「視」對應於這個敞亮的境界。「看」不僅不意味著用肉眼來感知，而且也不意味著現成事物的現成狀態純粹非感性地知覺這個現成事物。「看」只有一個特質可以用於「視」的生存論涵義，那就是：「看」讓那個它可以通達的存在者於其本身無所掩蔽地來照面。當然，每一種「官感」在它天生的揭示轄區都能做到這一點。然而，哲學的傳統一開始就將「看」定為通達存在者和通達存在的首要方式。為了與傳統保持關聯，我們可以在更廣泛的意義上把「視」和「看」形式化，從而得到一個具有普遍性的術語，作為一般的通達方式，以此描述任何通達存在者和存在的途徑。

我們顯示出所有的視如何先植根於領會——操勞活動的尋視乃是作為知性的領會，同時也取消了純直觀的優先地位。這種純直觀在認識論上的優先地位和現成事物在傳統存在論上的優先地位相適應。「直觀」和「思維」是領會的兩種遠離源頭的衍生物。連現象學的「本質直觀」也植根於存在論的領會。唯有存在與存在結構才能成為現象學意義上的現象，而只有當我們獲得了存在與存在結構的鮮明概念之後，才可能決定本質直觀是什麼樣的看的方式。

「此」展開在領會中，此在向著為何之故籌劃它的存在，與此合一地也就是向著意蘊（世界）籌劃它的存在。在這種被籌劃的狀態中，有一般存在的展開狀態。在向可能性作籌劃之際，已先設定了存在領會。存在並不是從存在論上被理解的，而是於籌劃中被領會的。從本質上對世進行籌劃是此在存在者的存在方式。這種存在者具有存在領會作為它的存在建構。

現身和領會這些生存論環節描述出在世的原始展開狀態。此在以有情緒的方式「視」它由之而在的可能性。在籌劃著展開這些可能性之際，此在一向已經帶有情緒。最自我的能在籌劃託付給被拋進此的實際狀態。這樣以被拋的籌劃來解說此之在的生存論建構，此在之在變得更加撲朔迷離。

目前，即使只將現身的領會——即此的整個展開狀態的日常存在方式——在現象上充分分析清楚，也還需要具體分清這些生存論環節。

領會與解釋

海德格將領會使自己成形的活動定義為解釋。領會在解釋中有所領會地占有它所領會的東西。在生存論上，並非是領會生自解釋，而是解釋植根於領會。解釋並不是要對被領會的東西有所認知，而是要把領會中所籌劃的可能性整理出來。

作為領會的此在向著可能性籌劃它的存在。領會的籌劃活動本身就具有使自身成形的可能性。我們將領會使自己成形的活動定義為解釋。領會在解釋中有所領會地占有它所領會的東西。在生存論上，並非是領會生自解釋，而是解釋植根於領會。解釋並不是要對被領會的東西有所認知，而是要把領會中所籌劃的可能性整理出來。按照準備性的日常此在分析的進程，我們將就非本真的領會來論述解釋現象。

對世界的領會展開意蘊，操勞著寓於上手事物的存在從意蘊方面使自己領會到它和照面的東西一向有何種因緣。尋視揭示著。這話表示：被領會的「世界」已經得到了解釋。上手事物現在明確地映入有所領會的視見之中。所有調整、整頓、安排、改善補充都按以下方式進行：從「為了做……之用」著眼把尋視中到手邊的東西加以分解，按照能看清的被分解的情況對之操勞。尋視依其「為了作……之用」而加以分解的東西，其本身具有「某某東西作為某某東西」這個尋視上的結構。至於這個特定的上手事物是什麼？尋視的解釋是：它作為某某東西之用。列舉「為了作什麼」並不單純是給某某東西命名：問題中的東西被認作某種東西；被命名的東西也就作為那種東西得到領會。在領會中展開的東西，總是已經按照以下方式被通達，即在它身上可以明確地提出它的「作為什麼」。這個「作為」造就著被領會東西的明確性結構。「作為」組建著解釋。尋視地解釋著和周圍世界的上手事物打交道，這種打交道毋須同時以進行規定的命題來分解尋視著加以解釋的東西。

對上手事物的一切先於命題的、單純的看，其本身已經有所領會、有所解釋。然而，正是這個「作為」的缺乏造就了某某東西純知覺的樸實。這個視的看已經有所領會，有所解釋。這個看包含著指引關聯「為了作什麼」的明確性。

以「某某東西作為某某東西」為線索來解釋存在者，並以這種接近存在者的方式將領會的東西分環勾連，這件事情本身先於對有關這件事情的專門命題。在專門命題中，「作為」才始道出。必須先有可能被道出的東西，道出才有可能。在樸實的觀望中可能沒有命題陳述所具有的明確性，但這並不能作為理由來否認這個樸實的看具有進行區劃分環勾連的解釋，從而以此否認它具有「作為」結構。以有所事的方式對貼切之物的樸實的看原始地具有解釋結構。反過來，對某種東西近乎沒有「作為」結構的把握倒是需要做出某些轉變。在純粹凝視之際，「僅僅在眼前有某種東西」這種情況作為不再有所領會發生。這個沒有「作為」結構的把握是樸實領會著看的一種褫奪，它並不比樸實的看更原始，反倒從樸實的看衍生而來。我們不能因為「作為」在存在者層次上沒有被道出就誤入迷途。對「作為」結構是領會所具有的先天生存論建構視而不見。

然而，假使對上手用具的任何知覺都已經有所解釋、有所領會，假使任何知覺都尋視著「讓某某東西作為某某東西」來照面，這樣豈不是：最先經驗到的是純粹現成的東西，然後才將他作為門戶、作為房屋來看待？這種觀點是對解釋特有展開功能的一種誤解。解釋並不是將一種「涵義」安到赤裸裸的現成事物頭上，也不是給它貼上一種價值。解釋無非是將東西的因緣解釋出來而已。

上手事物向來就從因緣整體性方面得到領會。這個因緣整體性不必由專題解釋明白把握。即便這種解釋已經貫穿了因緣整體性，此整體性仍隱退到不突出的領會中。正是在這種樣式中，因緣整體性乃是日常的、尋視的解釋的本質基礎。這種解釋一向奠基在一種先行具有之中。作為領會的占有，解釋活動有所領會地向著已經被領會的因緣整體性存在。

對被領會的、但還不十分清晰的東西的占有總在這種眼光下進行揭示：這種眼光將解釋被領會的東西時所應著眼的東西確定下來。解釋向來奠基在先行預見之中，它瞄著某種可解釋狀態，拿在先有中弄到手的東西「開刀」。被領會的東西保持在先有中，並且「謹慎地」被瞄準了，它透過解釋提升為概念。解釋可從有待解釋的存在者自身汲取屬於這個存在者的概念方式，也可以迫使這個存在者進入另一些概念，儘管按這個存在者的存在方式而言，這些概念和存在者是相對的。不論如何，解釋向來就有所保留地決定好了對某種概念方式表示贊同。解釋奠基於一種先行掌握之中。

將「某某東西作為某某東西」加以解釋，這在本質上透過先行具有、先行視見與先行掌握來起作用。解釋向來不是對先行給定的東西所作的無前提的把握。準確的注解可以當作解釋的一種特殊的具體化形式，儘管它喜歡援引「有據可查」的東西，然而最先「有據可查」的東西，原不過是解釋者不言而喻、無可爭議的先人之見。所有解釋工作之初必然有此種先人之見，它作為隨著解釋就已經「設定的」東西是先行給定的。

如何解釋這個「先」的性質呢？假使我們從形式上來解釋為「先天」，事情是不是就有所了結？為什麼這個結構為領會所固有，被解釋的東西本身所固有的「作為」結構對這個「先」結構有什麼關係？「作為」結構這一現象很明顯不能「拆成片段」。這樣就恰恰排除了原始的解釋。我們是否要將諸如此類的現象當作「終極性質」接受下來？可是問題依然存在——為什麼？也許領會的「先」結構以及解釋的「作為」結構顯示出它和籌劃現象有某種生存存在論關聯？而籌劃反過來指向此在原始的存在建構？

在探索這些問題的答案之前，我們必須先探索一下：那個能夠作為領會的「先」結構和作為解釋的「作為」結構映入眼簾的東西，是否已經提供出一種統一的現象，儘管哲學討論已經大量利用這種現象，卻不願意賦予這種普遍的東西相應的存在論解釋的原始性？

在領會的籌劃中，存在者在它的可能性中展開。可能性的性質向來和被領會的存在者的存在方式相對應。世內存在者都向著世界被籌劃。操勞在世已先將自己緊縛在意蘊的指引聯絡中。當世內存在者隨著此在之被揭示，我們便說：它具有意義。意義是某某東西的可領會性的棲身之所。在領會著的展開活動中可以加以分環勾連的東西，我們將之稱為意義。

先行具有、先行視見及先行掌握構成了籌劃的何所向。意義就是這個籌劃的何所向，從籌劃的何所向方面出發，某某東西做為某某東西得到領會。只要領會和解釋使此在的生存論結構成形，意義就會被領會為屬於領會的展開狀態的生存論形式構架。意義是此在的一種生存論性質。只要在世的展開狀態可以被那種於在世展開之際可得到揭示的存在者所「充滿」，唯此在才「有意義」。因此，只有此在能夠是有意義的或沒有意義的。

倘若我們一定要對「意義」這個概念採用這種原則性的存在論生存論闡釋，那麼，一切不具有此在的存在方式的存在者都必須被理解無意義的存在者。在這裡，「無意義」是一個用於存在論規定的詞語而不是一種估價。只有無意義的東西才能夠是荒誕的。現成事物作為此在之中照面的東西，能夠「侵凌」此在的存在，如突然發作的具有破壞作用的自然事件便是如此。

領會，作為此在的展開狀態，向來涉及到在世的整體。在對世界的每一個領會中，生存也一道得到領會，反過來說也是一樣。其次，所有解釋都活動在先前已指出的「先」結構中。對領會有所助益的任何解釋無不對有待解釋的東西有所領會。這個事實人類早就注意到了，即便是只在領會和解釋的衍生方式的領域中，如在語文學解釋中，語文學解釋屬於科學認識的範圍，此類的認識要求對根據做出嚴格論證。科學論證不得將它本應該為之提供根據的東西設為前提。

然而，假如解釋不活動在領會的東西中，並從中汲取養分，假如這種設為前提的領會又活動在對人和對世界的普遍認識中，那解釋怎樣才能使科學的結果成熟，而又免於循環論證？按最基本的邏輯規則，這個循環乃是惡性循環。如此一來，歷史解釋這項事業從一開始就被放逐在嚴格認識的範圍之外。只要人類還沒有取消領會中的循環論證這一實際情況，歷史學就只能滿足於不太嚴格的認識的可能性。按歷史學家自己的意見，最理想的是避免這種循環論證，希望有一日能創造出一種獨立於考察者立足點的歷史學。

然而，在這一循環中看到惡性，尋找避免它的門徑，或只把它當作無可避免的不完善性「接受」下來，這些都是對領會的誤解。問題的關鍵不是在於拿領會和解釋去比照一種認識理想；認識理想本身只是領會的一種衍生物，這種衍生物誤認為它的正當任務就是在現成事物本質上的不可領會性中，把握現成事物。只有先不認錯進行解釋所需求的本質條件，才能夠滿足解釋所需求的基本條件。決定性的事情並非是從循環中逃脫，而是依照正確的方式進入這個循環。領會的循環並不是一個由任意的認識方式活動其間的圓。這裡講述的是此在本身生存論上的「先」結構。

將這個循環降低為一種惡性循環是錯誤的，即便降低為一種能夠容忍的惡性循環也不行。在這一循環中隱藏著最原始的認識的一種積極的可能性。當然，這種可能性只有在以下情況才能得到真實的掌握，即是：解釋領會到它首要的、不斷的和最終的任務始終不讓向來的先行具有、先行預見與先行掌握以突發奇想和世俗之見的方式出現，它的任務是從事情本身來整理先行具有、先行視見與先行掌握，從而保障課題的科學性。就領會的生存論意義來說，領會即此在本身的能在，因此，歷史學認識的存在論前提在原則上超越最精密的科學嚴格性觀念。

領會中的「循環」屬於意義結構。意義現象植根於此在的生存論結構，植根於有所解釋的領會。為自己的存在而在世的存在者具有存在論上的循環結構。然而人類卻在存在論上將「循環」歸屬於現成狀態的某種方式，假若我們認同這種提法，就必須避免在存在論上用這一現象來描述此在類的東西。

命題

關於命題的涵義，海德格在本節指出了命題這一名稱的三種涵義。第一種涵義：命題首先意味著展示。第二種涵義：命題等於述謂。第三種涵義：命題意味著傳達和陳述出來。這些涵義互相關聯，並統一界定了命題的整體結構。

所有的解釋都奠基於領會。前面我們已經知道意義的概念，由解釋分成環節的東西本身以及在一般領會中作為可分成環節的東西先行標記出來的東西即意義。只要命題（「判斷」）奠基於領會，表現為解釋活動的一種衍生樣式，命題也「有」一種意義。

下面我們將指出命題這一名稱的三種涵義。

第一種涵義：命題首先意味著展示。在此我們牢記著：讓人從存在者本身來看存在者。在「這把鐵槌太重了」這一命題中，揭示給視的東西不是「意義」，而是其上手狀態中的存在者。即使這一存在者不在伸手可得或「目力所及」的近處展示仍然意指這個存在者本身，而不是這個存在者的某種單純表象——既不是「單純被表象的東西」，更不是道出命題的人對這一存在者進行表象的心理狀態。

第二種涵義：命題等於述謂。主語由述語得到規定，述語對主語有所陳述。在命題的這一涵義上，命題所陳述的東西不是述語，而是「槌子本身」。反之，命題用以陳述的東西則是「太重」。相對於命題的第一種涵義，所陳述的東西在第二種涵義上就內含而言已經變得比較狹窄了。一切述謂唯有作為展示才是它所是的東西。命題的此種涵義奠基於第一種涵義。述謂加以勾連的環節——即主語和述語，是在展示範圍之內生長的。並非規定首先進行揭示；不可否認的是，規定作為展示的一種樣式，先把看限制到顯示著的東西（槌子）本身之上，以便透過對目光的明確限制而使公開者在規定性中明確地公開出來。面對已經公開的東西（太重的槌子），規定活動先退回一步。「主語之設置」將存在者淡化到「此處的槌子」上，以便透過這種淡化過程而讓人在公開的東西可規定的規定性之中看這個公開的東西。設置主語、述語，以及相互設置兩者，這些句法上的構造完全為了展示而設。

第三種涵義：命題意味著傳達和陳述出來。

這一涵義上的命題是讓人共同看那個以規定方式展示出來的東西。和第一種涵義和第二種涵義上的命題有直接關聯。「讓人共同看」，這一做法和他人分享（向他人傳達）在其規定性中展示出來的存在者。我們必須將這個共同向著展示出來的東西看作是在世界之中的存在，而這個世界即展示出來的東西由之來照面的世界。我們如此從存在論上來領會傳達。命題作為這種傳達，包含了道出狀態。一個人可以不親臨現場去獲得被展示、被規定的存在者，但他可以和道出命題的人一起「分享」被道出的東西。人類可以將被道出的東西「風傳下去」。以看的方式、共同分有的範圍漸漸擴散。然而，在風傳中，展示的東西也可能恰又被掩蔽了。不過，即便在這種道聽途說中生長起來的知識仍然意指著存在者本身，並非簡單的「隨聲附和」某種傳來傳去的「通行意義」，道聽途說也是一種在世，向著聽到的東西存在。

現在，占統治地位的「判斷」理論依照「通行有效」這一現象來制定方向。「通行有效」這話產生出一種語詞崇拜，圍繞著這一語詞崇拜的種種「疑問」本身也晦暗不明。通行首先是指現實性的「形式」；其次，通行有效又是說判斷的通行意義通行有效。第三，這種對存在者通行的、就它本身而言則「無時間性地」通行有效的意義，又對任何有理性的判斷者「通行有效」。此時，通行有效說的是約束性、「普遍有效性」。將「通行有效」當作理想的存在方式當作客觀性、約束性，這三種涵義不僅本身還沒有分析清楚，且它們相互之間還有牽連。我們並非將意義概念侷限於「判斷內容」的涵義上，而是將意義概念領會為已經標明的存在論現象。可以在領會中展開的東西和可以在解釋中分環勾連的東西的形式構架，根本上正在這種現象中映入眼簾。

假使我們以統一的眼光將「命題」的三種涵義合為一種整體現象，得出的概念就是：命題是有所傳達、有所規定的展示。不過這樣定義「命題」依然存在疑問，即我們將命題當作解釋的一種樣式究竟有什麼道理？如果命題是這種樣式，那麼解釋的本質結構必然要在命題中重現。命題根據已經在領會中展開的東西和尋視所揭示的東西進行展示。道出命題總已經活動於在世的基礎之上。先前就認識世界指出來的東西，對於命題也完全適用。命題須先行具有已經展開的東西，它以規定方式將已經展開的東西展示出來。再者，在著手進行規定之際，我們已經具有著眼的方向來看待有待於作為命題說出來的東西。在規定過程中，先行給定的存在者被指向的那個「何所向」將規定者的職能承擔過來。命題需要一種先行識見。有待嶄露、有待指歸的述語隱藏在存在者本身之中，而在先行視見中，這種述語顯露出來。

命題作為規定著的傳達，其中總包含展示的東西在涵義上的一種分環勾連。這種活動在某種概念方式中：槌子是重的，重屬於槌子，槌子具有重這種性質。可見，在道出命題之際往往已經有一種先行掌握。但這種先行掌握多半隱而不露。因為語言往往於自身中包含著一種成形的概念方式。如同一般的解釋，命題必須在先行具有、先行視見和先行掌握中有其存在論基礎。

但是，命題在什麼程度上成為衍生於解釋的模式？在命題這裡發生了什麼變異？我們可以透過「槌子是重的」這一命題入手分析來指出這種變異。邏輯將「槌子是重的」看作是絕對的命題句，從而成為自己的專題對象。邏輯在作任何分析之前就已經開始「從邏輯上」來領會這類句子。邏輯將「槌子這物具有重這一性質」預先設定為這個句子的意義。在操勞尋視中「起初」沒有諸如此類的命題。然而操勞尋視確有它自己的解釋方式。用「理論判斷」的方式可以說成是：「這把槌子太重了」，或者說：「太重了」、「換一把槌子」原始的解釋過程不在理論命題句子中，而在扔開不合用的工具或替換不合用工具的尋視操勞活動中。另一方面，尋視著道出的解釋也還不是明確定義的命題。那命題將透過哪些生存存在論上的變異從尋視著的解釋中產生呢？

保持在先行具有中的存在者，如槌子，首先上手作為工具。假使要將它變成一個命題的「對象」，命題一旦提出，在先行具有中就已經發生了轉變。用以有所作為、有所建樹的這個上手的「用什麼」變成有所展示命題的「關於什麼」。

命題將現成事物作為什麼東西加以規定，這個「什麼」從現成事物本身汲取出來。解釋的「作為」結構經歷了一種變異。當這個「作為」執行其占有被領會的東西這一職能時，它不再伸展到因緣整體中。「作為」本來分環勾連著指引的聯絡；現在這個進行分環勾連的「作為」從意蘊上割斷下來，這個「作為」被迫退回到和現成東西一般齊的平面上。它向著「有所規定地只讓人看現成的東西」這一結構下沉。尋視解釋的原始「作為」被弭平為規定現成性的「作為」；而這一弭平活動正是命題的特點。只有這樣，命題才能單純觀望著進行證明。我們將尋視著有所領會解釋的原始「作為」稱為生存論詮釋學的「作為」，以別於透過命題進行判斷的「作為」。

在此與話語，語言

話語道出就成了語言。因為在語言這一言詞整體中，話語自有它「世界的」存在，於是乎言詞整體成為了世內存在者。語言可以拆成言詞物。因為話語按涵義來分環勾連的是此在的展開狀態，而這種存在者的存在方式是指向「世界」的被拋的在世。因此，話語在生存論上即是語言。

話語和現身、領會於生存論上一樣原始。而理解性甚至在得到解釋之前就已經分成環節。因此，話語已經是解釋與命題的根據。可以在解釋中分環勾連，更原始地在話語中分環勾連。現在，我們將話語的分環勾連中分成環節的東西本身稱作涵義整體。涵義整體可以分解為多種涵義；可以分環勾連的東西得以分環勾連即涵義。話語是此的可理解性的分環勾連，展開狀態最先由在世來規定；因此，倘若話語是展開狀態的原始生存論環節，那麼話語也一定從本質上就具有一種特殊的世界式存在方式。現身在世的可理解性作為話語道出自身。可理解性的涵義整體達乎言辭。言詞吸取涵義而成長，並非先有言詞物再配上涵義。

將話語道出就成了語言。因為在語言這一言詞整體中，話語自有它「世界的」存在，於是言詞整體就成為了世內存在者。語言可以拆成言詞物。因為話語按涵義來分環勾連的是此在的展開狀態，而這種存在者的存在方式是指向「世界」被拋的在世，因此，話語在生存論上即語言。

話語是此在的展開狀態的生存論建構，對此在的生存具有組建作用。聽和沉默這兩種可能性屬於話語的道說。話語對生存的生存建構的組建作用只有透過聽和沉默這些現象才會變得清晰。但首先必須將話語本身的結構整理出來。

話語對在世可理解性的「賦予涵義」進行分解。在世包含共在，而共在往往活動於某種操勞共處之中。如稱讚、責備、警告，這些都是透過話語共處；再比如「陳述主張」和「演講」這類話語。話語的「關於什麼」並不一定具有進行規定的命題的專題性質，願望也有關於它的「關於什麼」。說情不會沒有它的「關於什麼」。話語必然具有這一結構環節；因為話語共同規定著在世的展開狀態，而它特有的這一結構已經由此在（在世）這一基本結構形成了。話語所涉及到的東西總是從某種角度、在某種限度內說到。任何話語中都有一個話語之所云本身，話語在這個所云中傳達它自身。

在話語之所云中得到傳達的一切關於某某東西話語的同時，又都具有道出自身的性質。此在透過話語道出自身，並不是因為此在首先是對著一個外部包裹起來的「內部」，而是因為此在作為在世的存在已經有所領會地在「外」了。

話語將現身在世的可理解性按照涵義分成環節。話語包含如下構成環節：話語的關於什麼本身；傳達和公布。它們並非一些僅憑經驗斂在一起的語言性質，而是植根於此在存在建構的生存論環節。從存在論上來說，唯有這些東西才使語言成為可能。

人類試圖把握「語言的本質」，但他們總是依循其中的某一個別環節來制定方向；「象徵形式」、「命題」的傳達、體驗的「吐訴」、生命的「形態化」，諸如此類的觀念都是人類依以理解語言的指導線索。即便將這些五花八門的定義堆到一起，也無法獲得一個十分充分的語言定義。決定性的事情始終是在此在的分析工作的基礎上先把話語結構的生存存在論整體整理出來。

話語自身包含一種生存論的可能性——聽。聽將話語同領會、理解與可理解性的關聯弄得清楚。假使我們聽得不「對」，便說明我們沒弄懂，沒有「領會」；這種說法不是偶然的。聽對話語具有構成作用。語言上的發音奠基於話語，聲學上的收音也奠基於聽。此在作為共在對他人敞開，向某某東西聽即此種敞開的在。每一個此在皆隨身領著一個朋友，當此在聽這個朋友的聲音時，這個聽構成此在對它最自我能在的本真的敞開狀態。此在聽，因為它領會。作為領會著和他人一道在世的存在，此在聽命於他人和它自己，且因為聽命而屬於他人和它自己。共在在相互聞聽中形成；這個互相聞聽可能有追隨、同道等方式，或有不聽、抗拒、背離等反面樣式。

這種能聽在生存論上是原始的；只有在這種能聽的基礎上才可能聽到聲音；但與人類在心理學中「首先」規定為聽的東西相比，聽到聲音倒更原始些。我們從不也永不「首先」聽到一團響動，我們首先聽到轔轔行車、行進的兵團、呼嘯的北風。

要「聽」到「純響動」，首先需要進行非常複雜的技藝訓練。我們最先聽到的是摩托車和汽車。這是一種現象上的證據，證明此在作為在世的存在往往逗留著寓於世內上手的東西，而非首先寓於「感知」，彷彿這些紛綸的感知要先整頓成形，以便提供一塊跳板，主體從這塊跳板起跳，最終才好到達一個「世界」。此在作為本質上有所領會的此在，首先寓於被領會的東西。

甚至於在明確地聽到他人話語時，我們最先領會的也是所云；確切地說，我們一開始就和他人一道寓於話語所及的存在者。而非我們首先聽到說出的聲音。甚至於話說得不清楚或說一種異族語言，我們首先聽到的是尚不領會的語詞。

當然，我們在聽話語所及的東西之際，也「自然而然」聽到說出這種東西的方式即所謂「表達方式」，但這也只在於我們先行領會話語之所云；只有如此，我們才能依照話題所及的東西來估價人類如何說出這種東西。同樣地，對答這種話語也直接出自對話語所及東西的領會；共在先「分有」了話語所及的東西。

只有先有生存論上的言和聽，人才能泛泛閒聽。言和聽都奠基於領會。領會即不來自東打聽西打聽，也非來自喋喋不休。唯有所領會者能聆聽。

因此，話語的另一種本質可能性——即沉默，也有其生存論基礎。相比那些口若懸河的人，在交談中沉默的人可能更本真地「讓人領會」。對某事表現得滔滔不絕，這絲毫不能保證領會就會因此更闊達。事實上，沉默並非等同於啞巴。啞巴反倒有一種「說」的傾向。如同啞巴一樣，天生話語不多的人也不表示他在沉默或他能沉默。從不說話的人也不可能在特定的時刻沉默。真正的沉默只能存在於真實的話語中。為了能沉默，此在必須具有它本身真正而豐富的展開狀態可供使用。所以緘默才能揭露並消除「閒言」。緘默這種話語樣式如此原始地將此在的可理解性分環勾連，可以說真實的能聽和透澈的共處都起源於它。

話語對現身與領會具有構成作用，而此在又等於在世的存在，因此，此在作為有所言談的「在之中」已經說出自身。此在有語言。人表現為有所言談的存在者。這並不意味著只有人才具有發音的可能性，而是意味著這種存在者以揭示著世界和揭示著此在本身的方式存在著。假使我們反過來使話語現象從原則上具有某種生存論環節的原始性和廣度，那我們必須將語言科學移植到存在論上更原始的基礎之上。將語法從邏輯中解放出來這一任務要求我們領會一般話語在這種生存論環節的先天基本結構；事後對流傳下來的東西加以改善和補充是無法完成這一任務的。基於這一點考慮，我們應當尋問有哪些基本形式能夠將一般領會的東西合乎涵義地分成環節，而不僅僅限於尋問理論、考察所認識的和命題所表達的世內存在者。

歸根究柢，哲學研究終得下決心尋問一般語言具有何種存在方式。眼下對語言所下的定義不過是要指出語言現象的存在論「處所」在此在的存在建構之內。

閒言

人在說話的時候，其所說的語言已經含有一種平均的可理解性，依這種可理解性，傳達出來的話語可被遠方的人領會和理解，而聽者卻不一定能進入原始領會話語所及的存在。人類並不在意所談及的存在者，而只注意聽聞話語之所云本身。話語之所云本身就越傳越廣，事情原本是這樣，因為有人提出了新的說法，事情的真相就開始立不住腳了，經過人類鸚鵡學舌的傳播後，變本加厲，最後全然失去了根基。閒言就在這類人云亦云中組建起來。

閒言作為術語，它意味著一種正面的現象，此種現象組建著日常此在進行領會和解釋的存在樣式。

話語即語言，通常需要說出來，而且總已經（有人）說出來過。在說出來過的東西裡一向有領會與解釋。語言作為說出過的東西包含一種對此在之領會的解釋方式。解釋方式像語言一樣，並不是現成的東西；它的存在是此在式的存在。此在首先在某種限度內不斷交託給這種解釋方式；它掌控著、分配著平均領會的可能性，以及和平均領會連在一起的現身情態的可能性。說出過的東西分成環節，成為涵義之間的聯絡；它就在這涵義聯絡的整體中保存著對展開世界的領會，從而同等原始地保存著對他人的共同此在的領會，以及對向來是自我「在之中」的領會。因此，在說出過的東西背後有一種領會；這種領會涉及到漸次達到而承襲下來的存在者的揭示狀態，也涉及到對存在的當下領會，以及為了重新解釋或從概念上加以分環勾連所需用的可能性和視野。此在的這種解釋方式確是實情，但僅僅指出這一點還遠遠不夠，現在我們尚須尋問說過的話語以及正說出話語的生存論論在樣式。如果我們不能將這些話語領會為現成的東西，那什麼是這些話語的存在呢？關於此在的存在樣式，話語的存在從原則上所說的又是什麼呢？

說出來的話語即傳達。其存在所趨的目標是：使聽者參與向話語所談及的東西展開的存在。

人在說話的時候，其所說的語言已經包含一種平均的可理解性，依這種可理解性，傳達出來的話語可被遠方的人領會和理解，而聽者卻不一定進入原始領會話語所及的存在。人類對所談及的存在者不太在意，而只注意聽聞話語之所云本身。所云得到領會，所及則涉及其皮毛。人類的意思總是同樣的，那是因為人類共同地在同樣的平均性中領會所說的事情。

聽和領會牢牢抓住話語之所云本身。傳達則不讓人「分享」對所談及的存在者的首要存在關聯；共處反倒將話語之所云說來說去。對共處要緊的是：話語被說了一番。只要有人說過，只要是哲理名言，現在都可以為話語的真實性和合乎事理作擔保，都可為領會話語的真實性和合乎事理作擔保。因為話語失去了（或一開始就沒有）獲得對所談及存在者的首要存在關聯，因此它不是以原始地把這種存在者據為己有的方式傳達自身，而是以人云亦云的方式傳達自身。話語之所云本身越傳越廣，事情原本是這樣，因為有人提出了新的說法，真相就開始立不住腳了，經過人鸚鵡學舌的傳播後，變本加厲，最後全然失去了根基。閒言就在這類人云亦云中組建起來。此外，閒言的傳播還不僅僅限於口頭之上，它還透過筆墨之下的「陳詞濫調」傳播開。在這裡，鸚鵡學舌也並非單純地指道聽途說；它也從不求甚解的閱讀中汲取養料。

閒言這種無根基狀態並不妨礙它進入公眾意見，相反，還為它打開了方便之門。閒言即不必將事情先據為己有就懂得一切的可能性。閒言保護人類不至於在遭受在據事情為已有的活動中遭受失敗的危險。閒言不僅使人免於真實領會的任務，而且還培養了一種漠無差別的領會力；對這種領會力來說，再沒有任何東西是深深鎖閉的。

話語本質上屬於此在的存在建構，而話語有可能變成閒言。閒言這種話語不以分成環節的領會來保持在世的敞開狀態，而是鎖閉了在世，遮蓋了世內存在者。但這並不意味著欺騙。閒言並無這種存在樣式：有意識地將某種東西假充某種東西提供出來。沒有根據的人云亦云能將發展扭曲為封閉。因為所說的東西總被領會為「有所說的東西」。因此，閒言本來就不用費心去回溯到所談及東西的根基之上，閒言是一種封閉。

人類在閒言的時候自以為達到了對談及東西的領會，這樣就加深了封閉。由於這種自以為是，所有新的詰問和所有分析工作都被束之高閣，且以某種特殊方式壓制下來。在此在之中，閒言的這種解釋方式向來凝滯不化，很多東西我們都先以這種方式得知，不少東西從不曾超出這種平均的領會。一切真實的領會、解釋和傳達，一切重新揭示和重新據有都出自於公眾講法，並針對公眾講法來進行。情況從來不會是：有一個此在不受公眾解釋方式的觸動和引誘，被擺到一個自在「世界」的自由國土前，以便它只看到同它照面的東西。公眾講法的統治甚至已經決定了情緒的可能性，換句話說，決定了此在藉以同世界發生牽連的基本樣式。人類先行描繪出了現身情態，它規定著我們「看」什麼、怎樣「看」。

以上述方式起封閉作用的閒言乃是除了根的此在領會的存在樣式。但它並非一種現成狀態。它以不斷被除根的方式而在生存論上除了根。這在存在論上等於是：作為在世的存在，滯留於閒言中的此在被切除下來。它滯留於漂浮中，但在這種方式中它始終依乎「世界」、共乎他人、向乎自身而存在著。此種存在者的展開狀態由現身領會的話語所組建。

好奇

好奇的特徵是不逗留於貼切的事物。所以，好奇也不尋求閒暇以便有所逗留考察，而是透過不斷推陳出新的東西、透過事物的變異來尋求不安和激動。因此，好奇和嘆為觀止地考察存在者並不相同，和驚奇也不相同。對好奇而言，並不是被驚奇帶入了無所領會；好奇操勞於一種知，但也僅僅止於為了有所知。對好奇具有組建作用的兩個環節是：不逗留在操勞所及的周圍世界和渙散於新的可能性之中。這兩個環節奠定了好奇現象的第三種性質——我們將這種性質稱為喪失去留之所的狀態。好奇到處都在卻又無一處在。

我們在對領會以及「此」的一般展開狀態進行分析時，我們曾把「在之中」的展開狀態稱為此在的明敞。只有在明敞中，視見這樣的事情才成為可能。我們曾著眼於一切此在式的發展活動的基本樣式——領會，而把「視」理解為以天然方式將存在者據為己有。此在可以按照其本質上的存在可能性對這種存在者有所為。

視見的基本建構在日常生活中有一種向「看」存在的傾向上顯現出來。我們用好奇來定義這種傾向。這個定義作為描述方式不僅僅侷限於「看」，它表示覺知著讓世界來照面的一種特殊傾向。我們闡釋這種現象的目的原則上生存存在論上，我們不侷限於依循認識活動來制定方向。早在希臘哲學中人類就已經從「看的快樂」來理解認識了。亞里斯多德關於存在論的論文集的首篇論文裡便提到：「人的存在本質上包含看之操心。」

「看」這一引人注目的優先地位是奧古斯丁在闡釋「欲望」時注意到的：看原本是眼睛的專職，但在我們置身於其他官能以便認識的時候，我們也將「看」這個詞用於其他官能，我們不會說：「聽一聽這東西怎麼閃爍」，「聞聞這東西多麼光亮」，「摸摸這東西何等耀眼」，「嘗嘗這東西如何明亮」，對這一切，我們能用通用一個「看」字。我們能說：「看這東西如何發光」——光只有眼睛才能看到。我們也可以說：「看，這聲音多麼響亮」，「看，這氣味多香」，「看，多有味道」。一般的感覺經驗都名為「目欲」，這是由於其他的感官出於某種相似性，也擁有看的功能；在進行認識的時候，眼睛有著某種優先性。

如何來看待這種僅止覺知的傾向？在好奇現象這裡可以領會到此在的何種生存論建構？

在世首先消散於操勞所及的世界。操勞由尋視所引導。尋視揭示著上到手邊的事物並將它保持在揭示狀態中。尋視為所有操持辦理工作提供著推進的軌道、執行的手段、正確的機會、適當的時刻，在暫停工作進行休整的時候，或工作完成之際，操勞可能得到休息。在休息的時候，操勞並沒有消失。但此時尋視又變為自由的，它不再束縛於工件世界。在停息之際，操心置身於無所拘束的尋視中。對工件世界的尋視揭示具有去遠的存在性質。操勞要讓上手事物接近，而自由空閒的尋視不再有東西上到手頭。但尋視本質上是有所去遠的尋視，這時它將為自己創造出新的去遠活動的可能性。這等於是：它離開貼切上手的東西而趨向於遙遠陌生的世界。操心變成了對這類可能性的操勞：休息著、逗留著，只就其外觀看「世界」。此在尋找遠方的事物，目的只是為了在其外觀中將它帶近前來。此在放任自己由世界的外觀所收獲；它在此存在樣式中操勞著擺脫自身、在世，擺脫對日常上手的餓東西的依存。

自由空閒的好奇操勞於看，它並非為了領會所見的東西，而僅僅止於看。它貪新鶩奇，僅僅是為了從這一新奇重新跳到另一新奇上。這種看之操心並不是為了把握，也不是為了有所知地在真相中存在，而只是為了能放縱自己於世界。因此，好奇的特徵恰恰是不逗留於貼切的事物。所以，好奇也不尋求閒暇以便有所逗留考察，而是透過不斷翻新的事物、透過照面者的變異來尋求不安和激動。因此說，好奇和嘆為觀止地考察存在者不是一回事，和驚奇也不是一回事。對好奇而言，並不是被驚奇帶入了無所領會；好奇操勞於一種知，但也僅僅是止於為了有所知而已。對好奇具有組建作用的兩個環節是：不逗留在操勞所及的周圍世界之中和渙散於新的可能性之中。這兩個環節奠定了好奇現象的第三種本質性質——我們將這種性質稱為喪失去留之所的狀態。好奇到處都在卻又無一處在。這種在世樣式顯露出日常此在的一種新的存在方式。此在在這種方式中不斷被連根拔起。

閒言甚至也控制著好奇的方式。閒言所說的是人類必定已經讀過、見過的東西。好奇到處都在卻又無一處在，這種狀態委託給了閒言。話語和視見這兩種日常存在樣式就其連根拔起的傾向而言，還不僅並排擺在手頭上；且其中這一種存在方式牽扯著那一種存在方式。沒有什麼是閒言不曾領會的，也沒有什麼對好奇封閉著；它們自擔自保，自認為自己正過著一種真實而「生動的生活」。然而，在這種自以為是中，卻顯現出描述著日常此在的展開狀態的第三種現象。

兩可

兩可在公共場合是被掩蓋的，人類總是小心翼翼地不讓對這種存在方式的一種闡釋切中常人解釋事情的方式。假若想透過常人的認可來證明對這類現象的解釋，那將只會形成一種誤解。

在日常相處中前來照面的那類東西人人都可得而通達：關於它們，任何人都可以隨便說些什麼。既然如此，人類很快就無法斷定什麼東西在真實的領會中展開、什麼東西卻又沒有展開。這種模棱兩可不僅伸及世界，同樣也伸及共處本身乃至此在向它自己的存在。

一切看上去似乎被真實地領會、把握到、說出來了；而事實並非如此，或者一切看上去都不是這樣，但事實卻又是這樣。兩可不僅涉及對那些在使用和享用中可以通達東西的支配和調整，它還被固定在作為能在的領會之中，固定在對此在可能性的籌劃方式和呈現方式之中。不僅擺在那裡的事情和擺在眼前的事情，人人都知道、都議論；而且對將要發生的事情、還未擺在眼前但「本來」一定要辦成的事情，人人都已經大發議論了。別人預料到的、覺察到的事情，人人都已經先行料到、察覺到了。這種捕風捉影來自道聽途說，因為誰要是以真實的方式捕捉一事的蹤跡，他會悄悄進行而不會聲張。捕捉蹤跡是兩可藉以佯充此在之可能性最迷惑人的方式，卻也窒息了這些可能性的力量。

這就是說，假若人類先前預料和覺察的事情在未來某一天實際轉入行動，這時候兩可所操心的恰恰是立刻扼殺對已實現的事業所抱持的興趣。的確，只有當可能不負責任地預料一番，才可能存在這種興趣，而其所選擇的方式只可能是好奇與閒言。當察訪其蹤跡之時，人類才共在群集；一旦預料之事投入實施，這種共在群集就拒絕服從。因為一旦實施，此在就被迫回到它自身。閒言和好奇會失去其優勢。它們也已經開始施加報復。面臨人類一道預料之事投入實施，閒言易如反掌地斷定：這事人類也能做得成，因為人類確實也一道料到了這事。其實，閒言甚至還氣不過它所預料之事和不斷要求之事現實地發生了。因為如此一來，閒言也失去了繼續預料的機會。

親身去做的此在默默無語地去實行，去嘗試真實的挫折，它的時間總是不同於閒言的時間。在公眾看來，它在本質上比閒言的時間來得緩慢，因為閒言「行動更迅速」。只要是如此，閒言早又來到另一件事情上，來到時下最新的事情上。從這最新的事情著眼，先前預料到的最終投入實施的事情為時已晚。閒言與好奇在其兩可所操心的是：讓真實的創新在來到公眾意見面前時已經開始變得陳舊。只有當遮蓋的閒言失去效力而「一般的」興趣死滅之際，真實的創新才會於其正面的可能性中獲得自由。

公眾解釋事情的這種兩可態度將先行的議論與好奇的預料假充為真正發生的事情，反倒將實施與行動標成了無足輕重、不值一提之事。從而，就各種真實的存在可能性來看，常人之中的此在領會不斷地在其各種籌劃中看錯。此在在「此」總是兩可的。此在在那種共處同在的公眾展開狀態中總是兩可的。在那裡，最響亮的閒言與最機靈的好奇「推動」著事情的發展。

兩可總是將它所尋求的東西傳給好奇，且給閒言披上一種假象，似乎在閒言中，萬事已經有所決斷。

在世的展開狀態這一存在方式將共處本身也收入麾下。他人首先是從別人處聽說他、談論他、了解他的情況。首先插在原始的共處同在之間的就是閒言。任何一個人一開始就窺測他人，窺測他人有何舉止，窺測他人如何應答。在常人之中共處完全不是一種拿定主意的或無所謂的相互並列，而是一種緊張的、兩可的相互窺測，相互偷聽對方。在相互贊成的外表下唱著相互反對的戲。

兩可在公共場合掩蓋著，人類總是小心翼翼地不讓對這種存在方式的闡釋切中常人解釋事情的方式。假若想透過常人的認可來證明對這類現象的解說，那只會是一種誤解。

沉淪與被拋

在本節中，海德格就沉淪和被拋的概念和其特性做了詳細的闡述。指出了沉淪揭露著此在本身的一種本質性的存在論結構，它組建著此在一切白天的日常生活。而關於被拋，海德格認為，被拋的情況既不是一種「既成事實」，也不是一種已定論的實際情形。在這一實際情形的實際性中包含了：只要此在作為其所是的東西而存在，它就總處在拋擲狀態中，且被捲入常人的非本真狀態的漩渦中。實際性從被拋情況中的現象上見出，而被拋屬於為存在本身存在的此在。此在實際地生存著。

閒言、好奇和兩可標記著此在日常藉以在「此」、藉以發展出在世的方式。這些特性作為生存論規定性，具備在此在身上；這些特性一同構成此在的存在。在這些特性和這些特性存在上的關聯中，暴露出日常存在的一種基本方式，我們稱這種方式為此在的沉淪。

沉淪這個名稱並沒有任何消極的意思，而是意味著：此在通常寓於它所操勞的「世界」。這種「消散於……」多半有消失於常人的公眾意見中這一特性。此在總從它自身脫落。共處倚賴閒言、好奇和兩可來引導，而沉淪與世界意指消散在這種共處之中。我們曾稱為此在之非本真狀態的東西，現在透過沉淪的闡釋而獲得更細緻的規定。但是非本真絕不意味著「真正不是」，彷彿此在隨著這種存在樣式，就根本失落了它的存在。

此在的沉淪也不能被看作是從一種較純粹、較高級的「原初狀態」「淪落」。我們不僅在存在者層次上沒有類似的經驗，在存在論上也沒有進行這種闡釋的可能性與線索。

此在作為沉淪的此在，已從作為實際在世的它自行脫落；而它向之沉淪的東西屬於它的存在的那個世界。沉淪是此在本身的生存論規定；它根本沒有涉及此在之為現成的東西，也沒有談及此在「所從出」的存在者的現成關係，或此在事後才與之打交道的存在者的現成內容。

沉淪是生存存在論上的結構；假使我們賦予這種結構一種敗壞可悲的存在者層次上的特性，我們同樣會誤解這種結構。

在最初指出在世是此在的基本建構時，在勾勒在世的組建性結構環節時，存在建構的分析還沒有從現象上注意存在建構的存在方式。操勞與維持雖然都已經被描述過，但這兩種去存在的方式的日常存在方式問題依然未經過討論。

閒言為此在發展出向它的世界、向他人以及向它本身進行領會的存在來。這種「向……」的存在所具有的是一種沒有根基的飄遊無據的樣式。好奇鉅細靡遺地發展出一切來。兩可對此在的領會不隱藏什麼，只是為了在無根的「到處而又無一處」之中壓制在世。

在這些現象中透射出日常存在的存在方式，只有先從存在論上理清這種存在方式，我們才能獲得此在基本建構於生存論上足夠充分的規定。哪一種結構顯示出沉淪這個動詞的「動態」呢？

閒言與在閒言中得出的公眾解釋事情的說法皆在共處同在中組建起來。閒言是共處同在本身的存在方式。倘若此在本身在閒言中以及在公眾講法中寧願讓它本身有可能於常人中失落，消失於無根基狀態，這就說明：此在為自己準備了不斷引誘的沉淪。在世就其本身來說是有引誘力的。

閒言與兩可，這些東西培育出了自以為是，此在這樣隨手可得的與統治地位的展開狀態似乎就能夠向它保證：它一切存在的可能性牢靠、真實而充分。普通人的自信與堅決散布著一種日益成長的毋須本真地現身領會的情緒。普通人也自以為是地過著完美而真實的「生活」；這種自以為是將這種安定帶入此在；從這種安定情緒上看，似乎一切多在「最好的安排中」。沉淪在世對它自己造成引誘作用的同時也造成了安定作用。

非本真存在的這種安定非但沒有將人類引誘向寂靜無為，反而趕到「暢為」無阻中去了。沉淪與世界的存在現在不得安寧。起引誘作用的安定加深了沉淪。此外，沉淪在世對它自己還有異化作用。

這種異化倒不是說：此在實際上被割離了本身；相反，異化驅使此在進入了一種近乎極度「自我解剖」的存在方式。這種自我解剖又試遍了一切可能的解釋，以至於由它顯示出的許多「性格論」與「類型論」本身都望不到頭。這種異化將此在杜絕於其本性及其可能性之外，哪怕這種可能性只是此在真實失敗的可能性。然而，這種異化並不是將此在交付給本身不是此在的存在者擺布，而是將此在擠壓入其非本真性中，擠壓入其本身一種可能的存在方式之中。沉淪的引誘作用、安定作用和異化作用在它自己動盪不定之中導致的結果是：此在自拘於它本身之中。

引誘、安定、異化與自拘都描述著沉淪特有的存在方式。我們稱此在在它自己的存在中這種「動態」為跌落。此在從它本身跌入它本身中，跌入非本真的日常生活的無根基狀態與虛無中。這一跌被解釋為「上升」與「具體生活」。

跌落到非本真地存在在常人之中的無根基狀態中，以及在這種狀態中跌落，這種運動方式不斷將領會從各種本真的可能性的籌劃處推開，同時將領會拉入視野之中。這樣不斷從本真性推開而總是假充本真性，與拉入常人的視野合在一起，就將沉淪的動盪標識為漩渦。

不僅沉淪從生存論上規定著在世，同時漩渦還公開出在此在現身中可以落到此在本身頭上的、被拋境況的拋擲性質與動盪性質。被拋境況既不是一種「既成事實」，也不是一種已定論的實際情形。在這一實際情形的實際性中包含：只要此在作為其所是的東西而存在，它就總處在拋擲狀態中，且被捲入常人非本真狀態的漩渦中。在被拋境況中，從現象上看出了實際性，而被拋境況屬於為存在本身而存在的此在。此在實際地生存著。

在沉淪中，主要的事情不是別的，正是為能在世，即便是以非本真狀態的方式也同樣如此。因為就此在來說，主要的事情就是為了有所領會地現身在世，此在才能夠沉淪。反過來說，本真的生存並不是任何漂浮於沉淪的日常上空的東西，它只是在生存論上透過變式來掌握沉淪的日常生活。

沉淪現象並不表示此在的「黑夜一面」。這類存在者層次上的現成性是這一存在者的可有可無的一個方面沉淪。沉淪揭露著此在本身一種本質性的存在論結構，它並不規定黑夜，它組建著此在白天所有的日常。

沉淪是存在論上的運動概念，從存在者層次上無法決定：人是否「沉溺於罪惡」，是否處在墮落狀態之中；人是否在純潔狀態中轉變著或現身於一種中間狀態之中。只要信仰與「世界觀」有所道說，從在世的存在說到此在，那麼無論說什麼，但凡它要自命為概念的領會，就勢必要歸結於已經擺明的各種生存論結構。

此在的存在——操心

「操心」這個概念意指一種生存論存在的基本現象，其結構在存在論上的諸元素的整體性不能再回溯到一種存在者層次上的「基本元素」。操心的定義是：先行於自身的——已經在……中的——作為寓於……的存在；這說明了：即使這個現象在自身之內，也依然在結構上區分環節。

此在之存在——操心

將此在之存在解釋為操心，這並不是將一個虛構的東西安到此在身上，而是我們從生存論上理解在存在者層次上和生存上早已出現的東西。

此在的存在論結構整體形式於生存上的整體性須從以下結構來把握：此在之存在說的是：先行於自身已經在（世）的存在即寓於（世內照面的存在者）的存在。這一存在滿足了操心這個名稱的涵義，而這個名稱則用於純粹生存存在論意義上。任何用來指存在者層次上的存在傾向，如憂心忡忡或無憂無慮等，都不在這個涵義之內。

在世本質上是操心，所以寓於上手事物的存在可以被把握為操勞，而與他人在世內照面的共同此在共在可以把握為操持。「寓於……的存在」是操勞，因為這種存在作為「在之中」的方式是由它的基本結構——即操心——規定的。操心並非只是描述與實際性及沉淪都脫節的生存論結構，而是包括這些存在規定統一。因此操心不是專門指「我」對「我」本身的一種孤立行為。假如依據操勞與操持類推而得出「自己的操心」這樣的說法，這種說法是一種同語反覆。

先於自身的存在就是向最自我能在的存在。在這種存在中，就有為本真的各種生存上的可能性所需的自由存在的可能性的生存存在論條件。能在即實際上存在著的此在向來為其故而存在的東西。但只要這種向著能在的存在本身是被自由規定的，那麼此在就也可能無意地對其各種可能性行事，它可能非本真的存在，且往往以這種方式存在。本真的「為何之故」始終未被抓住，它自己的能在籌劃交付給常人處理了。因此在先行於自身的存在中，這個「自身」總是指常人自己意義上的自身。即使在非本真狀態中，此在本質上依然先行於自身，正如沉淪逃避其本身也顯示著這種存在建構：這個存在者為的就是它的存在。

操心作為原始的結構整體性在生存論上先天處於此在的實際「行為」與「狀況」之前。因此，這一現象絕非表達「實踐」行為先於理論行為的優先地位。透過純粹直觀來規定現成事物，這種活動比起一項「政治行動」或「休息消遣」，其所具有的操心性質並沒有比較少。「理論」與「實踐」都是其存在必須被規定為操心的存在者的存在可能性。

所以，若想將本質上不可割裂的整體性中的操心現象還原為一些特殊的行動，還原為意求與願望、追求與嗜好這類慾望，或企圖由這些東西湊成操心現象，這些企圖都不可能會成功。

意求與願望從存在論的角度來看必然植根於操心。嗜好與追求的情況也和此有所相同。嗜好與衝動可以於此在中純粹地展示出來，就此而言，它們也植根於操心。這點倒不排斥追求與嗜好從存在論上組建僅僅「活著」、「有生命」的存在者。

此在為能在而在，這樣的能在本身就有在世的存在方式。因此從存在論上看，能在和世內存在者有關聯。

操心總是操勞與操持——即使只是透過褫奪的方式。在意求中，一個被領會的存在者被掌握了，換句話說，就是一個被向它的可能性加一籌劃的存在者被掌握了；它作為有待於操勞的存在者或者有待於靠操勞帶到其存在中去的存在者而被掌握。所以，在意求中總包含所意求的東西，而這種東西已經從一種為何之故中得到規定。組建意求存在論的可能性有：一般的為何之故先行展開的狀態先行於自身的存在，可操勞東西的展開狀態作為已經存在的何所在的世界，此在有所領會地向一種能在籌劃自身，此種能在即向「意求的」存在者的某種可能性的能在。在意求的現象中反映出作為基礎操心的整體性。

作為實際的此在，此在有所領會的自身籌劃總已經寓於一個被揭示的世界。此在從這個世界中獲取它的各種可能性。常人的解釋一開始就將自由挑選的各種可能性限制，在本份適宜的、眾所周知的、可達到的、可忍受的東西的範圍之內。這樣就將此在的各種可能性視為日常當下即可獲取的東西。操勞的這種狀態變成對可能性盲目無知，從而安定處於「現實的東西」中。此種安定並不排斥擴張活動，反而喚醒這種擴張。這時所意求的並非各種新的可能性，而是將產生出有某種事情在發生的假象，因而「從策略上」使可獲取的東西發生變化。

在常人領導下得到安定的「意求」並不意味著向能在的存在被磨滅，而僅僅意味著這種存在的一種變式。這時，對各種可能性的存在通常顯現為單純的願望。在願望中，此在向之籌劃其存在的諸種可能性在操勞中非但沒有被掌握，而且也從未想過期待實現這些可能性。願望在存在論上以操心為前提。

「操心」這個概念意指一種生存論存在的基本現象，其結構在存在論上的諸元素整體性無法再回溯到一種存在者層次上的「基本元素」。操心的規定是：先行於自身的——已經在……中的——作為寓於……的存在；這說明了：這個現象於自身之內也還在結構上分成環節。

將此在的存在解說為操心，這並不是將一個虛構的東西安到此在身上，而是我們從生存論上理解到在存在者層次上和生存上早已出來的東西。

實在、此在、世界之為世界

實在究竟意味著什麼？從基礎存在論問題來看，實在問題的討論可以從以下三方面進行：其一，實在作為存在的問題和「外部世界」的可證明性問題；其二，實在作為存在論問題；其三，實在與操心。

依據此在在世的基本情形，此在的世界、在之中和它本身三個方面同樣原始地隨此在的展開而顯露。在世界實際展開狀態中，世內存在者一同被揭示了。其中有一種情形：世內存在者的存在總已經以某種方式被先前領會。儘管前存在論的存在領會包括本質上在此在中展開的一切存在者，然而存在之領會本身還不曾將它自己種種不同的存在樣式解說清楚。

對領會的解釋也表示：領會首先將自己錯置到對世界的領會之中，即使我們從存在者層次上的經驗和存在論上的領會來談，存在解釋也首先依循世內存在者的存在制定方向。於是，最先上到手邊東西的存在被跳過去了，存在者首先被理解為現成物的關聯物。存在得到了實在的意義。存在的基本規定性轉變成了實體性。與存在領會的這種錯置相對應，對此在的存在論領會也退回這種存在概念的視野上。此在也如同別的存在者一樣，乃是實在現成的。故一般的存在得到了實在。

在存在論問題的提法中，實在的概念具有特殊的優越地位。這種優越地位錯置了通向對此在進行天然的生存論分析的道路，將關於存在問題的提法迫向了歧途。從實在的角度著眼，存在的其餘形態都被消極地從反面進行了規定。

因此，我們必須將此在的分析，將一般存在意義問題的研究從片面依循實在意義上的存在方向扭轉回來。除了要證明實在不僅是諸多存在方式中的一種，還要證明它在存在論上對此在、世界和上手狀態有某種淵源關聯。這需要我們徹底討論實在問題，討論該問題的條件和界限。

實在究竟意味著什麼，從基礎存在論問題來看，實在問題的討論可以從以下三方面來進行：其一，實在作為存在的問題和「外部世界」的可證明性問題；其二，實在作為存在論問題；其三，實在與操心。

下面一一為大家闡述。

一、實在作為存在的問題和「外部世界」的可證明性問題

認識是通達實在事物的一種衍生途徑。實在事物本質上只有作為世內存在者才可通達。通向世內存在者的一切途徑於存在論上都植根於此在的基本建構，植根於在世的存在。

到底有沒有一個世界？這個世界的存在能不能被證明？若由在世界之中的此在來提這個問題——這個問題就會毫無意義。然而，世界本質上隨著此在的方式而展開，「世界」隨著世界的展開也總被揭示。當然，就是在實在事物和現成東西這種意義上，世內存在者還

可能一直掩蔽著。可是，即便是實在事物，也只有在已經展開的世界基礎上才可揭示。人類提出「外部世界」的「實在性」問題，卻沒有事先澄清世界現象本身。實際上，「外部世界問題」始終依循著世內存在者來制定方向。

外部世界是否現成以及是否能夠證明?在這種意義上提出來的「實在問題」之所以表現為一個不可能的問題，並非因為這個問題的結果會導向某些解不開的死結，而是因為在這個問題中，存在者本身似乎就拒絕如此提出問題。有待證明的並非「外部世界」是否現成以及它如何現成，而是為什麼本來就在世界之中的此在會有一種傾向，先在「認識論上」將「外部世界」葬入虛無，接著才對它加以證明。原因就在於此在的沉淪將起初對存在的領會變成了對作為現成性存在的領會。假使在這種存在論方向上的提問是「批判的」，它就會發現唯一確定的現成東西也只是一種純粹「在內的東西」。一旦毀壞了在世的原始現象，和世界的銜接就只能依靠殘留下來的孤立主體了。

世內存在者向來已經隨此在在世而展開。這一生存存在論命題似乎同「外部世界實在地現成存在」這一實在論命題相符。只要生存論命題不否認世內存在者的現成存在，它在結論上就和實在論命題相符。但是，實在論認為「世界」的實在性需要證明而且能夠證明，如此一來，就使存在論命題在原則上與其他實在論有所區別了。不過，將存在論命題和實在論完全區分開來，乃是實在論缺乏存在論的領會。

倘若唯心論不將自己誤解為「心理學的」唯心論的話，它在原則上還是比實在論優越。如果唯心論強調的是存在和實在只在「意識之中」，那麼這裡就表達出一種領會，即存在不能有存在者來解釋。然而，只要唯心論沒有闡明這個存在領會本身在存在論上說的是什麼，以及他是如何可能的，沒有闡明存在領會屬於此在的存在建構，那它對實在的闡釋依然是泛泛而談。

存在不能由存在者得到解釋。實在只有在存在領會中才有可能。但這並不取消對意識存在的追問，即對思想本身的存在進行追問。唯心論論題的應有之義須將意識本身的存在論分析標明為無可迴避的在先任務。

存在是「在意識之中」，即是說，存在可以在此在中得到領會，因此，此在才能領會獨立性、「自在」、一般實在這類存在性質，此在才能夠將它們形成概念。正因為此，尋視才能通達為世內照面者的「獨立的」存在者。

如果唯心論這個名稱說的是：存在絕不能由存在者得到澄清，對於任何存在者，存在總是「超越的東西」了，那就只有唯心論才有可能正確地提出哲學問題。但是，若唯心論意味著將一切存在者都引回主體或意識，而主體與意識就它們的存在來說始終表現得無所規定，或最多只被消極地標劃為「非物質的」，那這種唯心論在方法上就如同實在論一樣膚淺了。

另外，還存在一種可能性，即世人可以採用這樣的命題：所有主體只有對於客體來說才是它所是的東西，反之亦然；透過這個命題，人類可以主張實在問題優先於諸種「各持己見」的傾向。然而，在這種形式的入手方式中，相關關係的各環節和這種相關關係本身一樣在存在論上，沒有明確規定。但是追根究柢，這種相關關係的整體必然被設想為「無論如何」存在著的，也就必然從某種確定的存在觀念角度上被考慮。假使我們將在世的存在展示出來，從而使生存存在論的基地完全得到保障，那我們事後自然可以對上述那種相關關係加以認識，而這種關係實是一種形式化的、在存在論上無關緊要的關係。

對實在問題的單純「認識論」解答的嘗試有其不曾道出的前提；對這些前提所做的探討表示：我們必須將實在問題當作存在論問題，收回到此在的存在論分析工作中。

二、實在作為存在論問題

假使實在這個稱謂僅指世界內現成存在者的存在，那對於這種存在樣式的分析意味著：只有當「世界之內」這重現象得到澄清，才能從存在論上理解世界之內的存在者。「世界之內」植根於世界現象。世界又作為「在世界之中存在」的本質構成環節而屬於此在的基本建構。在存在論上，「在世界之中」復又包含在此在存在的結構整體之中。操心則被標記為這一結構整體的特徵。如此一來，為了能對實在進行分析，首先要澄清的基礎和視野就被標出來了。而且只有在這一關聯中，才能從存在論上理解「自在」的性質。

即便欠缺明確的生存存在論基礎，人類也能夠自某種限度內對實在事物的是性進行某方面的現象學描述。狄爾泰對實在的描述如此寫道：實在的東西在衝動和意志中被經驗。實在性是阻力，確切地說是阻礙狀態。

舍勒吸收了狄爾泰關於實在的闡釋。在他那裡，此在於康德的意義上被理解為現成存在。舍勒認為：「只有在和欲望及意志相關的狀態中，對象的存在才能直接給定。」舍勒指出：實在從不在思維和理解中被給予，此外他還特別指出：認識本身也非判斷活動，乃是一種「存在的關係」。

倘若用「我思，故我在」來作生存論此在分析工作的出發點，那不僅需要先將它倒轉過來，而且還需要重新對它的內涵作出存在論現象上的證實。於是，首位的命題是「我在一世界中」。「我在」：作為這樣的存在者處「在」面向種種不同行為舉止的存在可能性之中，而這種行為舉止就是寓於世內存在者的種種存在方式。

三、實在與操心

實在作為一個存在論名稱，和世內存在者關聯在一起。倘若用它來標識世內存在者的一般存在方式，那現成性和上手性都是作為實在模式來起作用。但若就其流傳下來的涵義來用這個詞，那它僅指物之現成性那種意義上的存在。然而，並非所有現成性都是物之現成性。「包容著」我們的「自然」固然是世內存在者，但它既不是指上手事物的存在方式，也不是指「自然物性」那種方式上的現成事物的存在方式。無論人類如何解釋「自然」的這種存在，世內存在者的一切存在樣式於存在論上都植根於世界之為世界。由此可見：世內存在者的多種存在樣式並不具有優先地位；這種存在方式更不能從存在論上適當地標記出世界和此在這類東西。

依照存在論基礎上的關聯順序，依照可能範疇上的闡述和生存論上闡述的順序，實在又回指到操心現象。不過，實在於存在論上植根於此在的存在卻不意味：只有當此在生存，實在的東西才能作為它就其自身所是的東西存在。當然，只有當此在存在，才「有」存在。當此在不存在的時候，「獨立性」也就不「在」，「自在」也不「在」。那時，諸如此類的東西既不是可領會的，也不是不可領會的。世內存在者既不是可揭示的，也不能隱蔽起來，既不能說存在者存在，也不能說存在者不存在。現在，只有當存在領會在，並因而對現成性的領會在，那時存在者才能繼續——也還得繼續存在下去。

實在依賴於操心，這種依賴關係保障了對此在的進一步分析，使它能避免那種循實在觀念為線索的此在闡釋。只有循存在論上有效闡釋過的生存論結構制定方向，才能夠保證在「意識」、「生命」的實際分析過程中，我們不會把實在的任何一種意義當作基礎。

真理、此在、展開狀態

關於真理、此在、展開狀態，海德格在本節中從三個方面著手進行分析：其一，傳統的真理概念及其存在論基礎；其二，真理的原始現象和傳統真理概念的緣起；其三，真理的存在方式及真理被設為前提。

哲學自古就將真理與存在相提並論。巴門尼德首次揭示了存在者的存在，他的這一揭示將存在和聽取存在的領會「同一」起來。亞里斯多德將為「真理」本身所迫而進行的研究活動稱為：關於「真理」的「哲學活動」。

這裡所謂關於「真理」的研究意指什麼呢？倘若「真理」這個詞是用來指「存在者」和「存在」的術語，那麼這個詞究竟意味著什麼？

如果真理的確原始地和存在關聯著，真理現象就進入了基礎存在論的問題範圍之內。如此一來，真理現象豈不是一定在此在的分析中顯露出來了嗎？「真理」和此在、此在的存在者層次上的規定性有何種存在者層次上的、存在論上的關聯？能夠從存在領會中指出為什麼存在必然和真理為伍、而真理又必然和存在為伍的根據來嗎？

事實上，存在和真理「為伍」。為了更尖銳地提出存在問題，現在該明確地界定真理現象並把包含其中的問題確定下來。

本節的分析將從以下三個方面著手：其一，傳統的真理概念及其存在論基礎；其二，真理的原始現象和傳統真理概念的緣起；其三，真理的存在方式及真理之被設為前提。

一、傳統的真理概念及其存在論基礎

關於真理本質的傳統看法和關於真理的首次定義意見，可以透過三個命題描述出來：真理的「處所」是命題；真理的本質在於判斷和它的對象相「符合」；亞里斯多德既將判斷認作真理的原始處所，又將真理定義為「符合」。

亞里斯多德說：靈魂的「體驗」表像是物的相似。這一命題絕不是作為真理本質的明確意義而提出來的，不過它的參與導致後世關於真理的本質形成了知與物的相似公式。

十九世紀新康德派的認識論常將這種真理定義為一種方法上落後幼稚的實在論，宣稱這一定義同康德「哥白尼式轉折」中的任何提法都無法相容。這種說法忽視了布倫塔諾已經讓我們注意到的事情——康德也確信這一真理概念，而且確信到他甚至不加討論就把它提了出來。康德在其《純粹理性批評》中說：「人類以為能夠用以迫邏輯學家於窮境的那個古老而著名的問題就是：真理是什麼？對真理的名詞解釋，即將真理領會為和它的對象的符合，在這裡是被公認和被設定的……」

將真理標記為「符合」十分普遍且空洞。但如果這種標記不受關於認識的五花八門闡釋之累而始終一貫，它就會有些許道理。

符合這個術語究竟意指什麼？一切符合都是關係，真理也是一種關係。但並不是說關係都是符合。相同是符合的一種方式。符合具有「就某方面而言」這類的結構。在相似中，相關的東西在哪方面符合呢？在澄清「真理關係」的時候，必須連同注意到關係諸環節的特性。「符合」具有「如……那樣」的關係性質。這種問題擺明了：為了將真理結構弄清楚，僅僅將這個關係整體設為前提還遠遠不夠；我們必須要追問這個關係整體，直到問到承擔這一整體本身的存在關聯。

按照通常意見，真是認識的真，認識即判斷。就判斷來說，必須將判斷活動這種實在的心理過程和判斷之所云這種觀念上的內容加以區分。實在的心理過程現成存在著，或不現成存在著。因此，是觀念上的判斷內容處於符合關係中。這種符合關係涉及到觀念上的判斷內容和判斷所及的東西即實在事物之間的關聯。

假使我們著眼於判斷之所云所出的「現實的」判斷活動，實在的過程和觀念上內容的分割竟全無道理嗎？認識和判斷的現實不是分裂成兩種存在的方式和兩個「層次」嗎？將這兩種東西拼合在一起不是從不涉及認識的存在方式嗎？儘管心理主義自己沒有從存在論上澄清「被思維的東西」中的思維具有何種存在方式，甚至還沒有認識到這是個問題，但它拒絕接受分割，在這點上它不是很有道理嗎？

退回到判斷過程和判斷內容的區分，並不能將關於相似的存在方式問題的討論向前推進。但它擺明了：認識本身存在方式的解釋已無法避免。為此所必須的分析不得不將真理現象收入眼簾。在認識的活動中，真理什麼時候從現象上凸顯出來？當認識證明自己為真認識時，自我證明保證了認識的真理性。因此，符合關係一定得在現象上和證明活動關聯起來才能映入眼簾。

所有闡釋，只要它主張：於僅僅表象著道出命題之際還有其餘東西被意指，那它就歪曲了命題說出的那種東西的現象實情。道出命題是向著存在著的物本身的一種存在。而什麼東西由知覺得到證明？那就是存在者本身。證實涉及的是：道出命題這種向命題之所云的存在是存在者的展示；這種道出命題的存在揭示了它向之而在的存在者。因此，在進行證明的時候，認識始終和存在者本身相關。證實彷彿就在這個存在者本身發生。意指的存在者如它於其自身所是的那樣顯示出來。

也就是說，它在它的自我同一性中存在著，一如它在命題中所展示、揭示的那樣存在著。表象並不被比較：既不在表象之間進行比較，也不在表象和實在物的關係中進行比較。證明涉及的不是認識和對象的符合，證明涉及的只是存在者本身被揭示的存在，只是那個「如何」被揭示的存在者。被揭示狀態的證實在於：命題之所云，作為同一個東西顯示出來。證實意味著：存在者在自我同一性中顯示。證實依據存在者的顯示而進行。這種情況之所以可能，只因為道出命題並自我證實著的認識活動就其存在論意義而言，乃是有所揭示地向著實在存在者本身的存在。

如果命題是真的，這就意味著：它存在者本身揭示存在者。它在存在者的被揭示狀態中說出存在者、展示存在者、「讓人看見」存在者。命題的「真在」（真理）必須被理解為揭示著的存在。因此，如果符合的意義是一個存在者（主體）對另一個存在者（客體）的相似，真理就根本沒有認識和對象之間相符合的那種結構。

二、真理的原始現象和傳統真理概念的緣起

亞里斯多德將「真理」與「事情」、「現象」相提並論，這個真理意味著「事情本身」，意味著自身顯現的東西，意味著任何得到揭示的存在者。

將真理「定義」為揭示狀態和進行揭示的存在，也並非單純的字面解釋。我們原本就習慣於將此在的某些舉止稱為「真實的」。

真在這種進行揭示的存在是此在的一種存在方式。使這種揭示活動本身成為可能的東西，必然應當於一種更原始的意義上被稱為「真的」。揭示活動本身的生存存在論基礎首先指出了最原始的真理現象。

揭示活動是在世的一種方式，尋視著的操勞或逗留著觀望的操勞都揭示著世內存在者。世內存在者成為被揭示的東西，只有在第二意義上它才是「真的」。原本就「真」的，乃是此在。第二位意義上的真指的不是進行揭示的存在（揭示），而是被揭示的存在（被揭示狀態）。

真理（揭示狀態）總要從存在者那裡爭而後得。存在者從晦暗狀態上被揪出來。實際的揭示狀態彷彿是一種劫奪。

在世是由「真理」和「不真」來規定的，這一命題的生存存在論條件在於此在的被我們標識為被拋籌劃的存在建構。這一存在建構是構成操心的一個環節。

闡釋真理現象的生存存在論得出以下命題：

其一，在最原始意義上，真理乃是此在的展開狀態，而此在的展開狀態中包含有世內存在者的揭示狀態。

其二，此在同樣原始地在真理和不真中。

在真理現象的傳統闡釋的視野內，若想充分理解上述命題，就必須先行指明：

其一，被理解為符合的真理，透過某種特定變異來自於展開狀態；

其二，展開狀態的存在方式本身使展開狀態的衍生變式映入眼簾，並指導對真理結構的理論解釋。

命題及其結構，即以判斷方式出現的「作為」，奠基於詮釋學上的「作為」，並進而奠基於領會即此在的展開狀態。人類將真理看作是命題的特殊規定性，而命題又有衍生譜系，如此一來，作為命題真理的根系就伸到領會的展開狀態那裡了。我們不能止步於指出作為命題真理的淵源，必須明確指出符合現象的譜系。

寓於世內的存在者的存在是揭示的。此在的展開狀態從本質上包含了話語。此在道出自身——這個自身是向著存在者有所揭示的存在。此在於命題中就被揭示的存在者的情況道出自身。命題憑藉存在者「如何」被揭示將存在者傳達出來。聽取傳達的此在於聽取之際，將自己帶進向著所談的存在者有所揭示的存在。道出的命題在它的何所道中包含著存在者的揭示狀態。這一揭示狀態保存於道出的東西中。被道出的東西似乎成了一種世內上手的東西，可以接受下來，也可以傳說下去。由於揭示狀態得到保存，上手道出的東西本身就和存在者具有某種關聯。揭示狀態一向是某某東西的揭示狀態。即便在人云亦云之際，那個人云亦云的此在亦進入了某種對所談的存在者本身的存在。不過這個此在免於重新進行原始揭示。

此在不必要借「原始」經驗將自己帶到存在者面前，但即便如此，它仍然在某種向著存在者的存在中。在多數情形下，人類並非透過親身揭示來占有被揭示狀態，而是透過對他人的道聽途說來占有它。消散於人海之中是常人的存在方式。道出的東西本身將向命題所揭示的存在者的存在這回事接了過來。然而，若要明確地就存在者的揭示狀態占有存在者，我們就得說：應當證明命題是起揭示作用的命題。

但是，道出的命題是一個上手的東西，它本來就和被揭示的存在者具有某種關聯。要證明命題是起揭示作用的存在就等於：證明保存著被揭示狀態的命題和存在者有關聯。命題是上手的東西。命題作為揭示著命題和存在者有關聯，這個存在者是世內的上手事物或現成事物。某某東西的被揭示狀態成了現成的一致性，即道出的命題這一現成東西對所談的存在者的現成一致。只要我們還將這種一致性看成現成東西之間的關係，這種關係就表現為兩個現成東西的現成符合。

命題一旦道出，存在者的被揭示狀態就進入了世內存在者的存在方式，事實上，只要在這一被揭示狀態中貫徹著一種同現成東西的關聯，揭示狀態（真理）本身也會成為現成東西之間的一種現成關係。

被揭示狀態是奠基於此在展開狀態的生存論現象。這種生存論現象現在成了現成的屬性。它作為現成屬性表現為一種現成關係。展開狀態和對被揭示的存在者有所揭示的存在這一意義上的真理變成了世內現成存在者之間的、符合這一意義上的真理。我們以此指出了傳統真理概念的存在論譜系。

然而，依照生存存在論的根系關聯的順序來說最後的東西，在實際存在者層次上卻被當作最先、最近的。但若就其必然性來看，這一實際情形又基於此在本身的存在方式。在消散於操勞活動之際，此在從世內照面的存在者方面來領會自己。被揭示狀態雖然從屬於揭示活動，但它首先從世內存在者方面擺在道出的東西裡面。非但真理作為現成的東西來照面，而且一般的存在領會也將一切存在者都領會為現成的東西。最初對從存在者層次上首先來照面的「真理」所作的存在論思考，把「說」領會為關於某某東西的說。但這種思考卻將現象盡可能地按其現成性闡釋為現成的東西。真理這種存在方式與真理這種貼切照面的結構是不是原始的？基於人類已經將現成性和一般的存在意義等同起來，這個問題根本不可能獲得生命。首先占據了統治地位，而且迄今尚未從原則上明確克服的此在存在的領會本身遮蓋了真理的原始現象。

亞里斯多德從不捍衛「真理的原始『處所』是判斷」這個命題，他反倒說：「說」是此在的存在方式，這種方式可能有所揭示，也可能有所遮蔽。這種雙重的可能性是說得真、在得與眾不同——「說」是那種能進行遮蓋的行為。

原始的揭示活動才是知覺的真理，即「觀念」的看的「真理」。只因為直觀活動原本揭示著，說才可能作為思考而具有揭示功能。最原始的「真理」是命題的「處所」。命題可能是真的或假的（揭示的或矇蔽的）；最原始的「真理」即是這種可能性的存在論條件。

三、真理的存在方式及真理之被設為前提

此在由展開狀態加以規定，因此，此在本質上在真理中。展開狀態是此在一種本質的存在方式。唯有當此在存在，才「有」真理，真理才在。唯有當此在存在，存在者才會被揭示、被展開。

存在者一旦得到揭示，它恰恰就顯示為它從前已曾是的存在者，如此進行揭示即「真理」的存在方式。

真理本質上具有此在式的存在方式，正由於這種存在方式，一切真理都同此在的存在相關聯。這種關聯意味著一切真理都是「主觀的」嗎？若將「主觀的」闡釋為「任主題之意的」，那真理自然不是主觀的。只因為「真理」作為揭示乃是此在的一種存在方式，才可能將真理從此在的任意那裡取走。真理的「普遍有效性」也僅僅植根於此在能夠揭示和開放自在的存在者。只有如此，這個自在的存在者才能將關於它的一切可能命題關聯在一起。從存在者層次上來說，真理只可能於「主題」中，且隨著「主體」的存在一道沉浮。

從生存論上理解了真理的存在方式，也就可以領會真理之被設為前提的意義了。為什麼我們必須將「有真理」設為前提呢？那什麼又叫「設為前提」？「必須」和我們意指什麼？「有真理」說的又是什麼？我們將真理設為前提，乃是因為以此在的存在方式存在著的「我們」「在真理中」。我們之所以將真理設為前提，這並不是將它當作某種在我們「之外」和「之上」的東西。並不是我們將「真理」設為前提，相反，唯有真理才從存在論上使我們能夠將某種東西設為前提，使我們能夠設定前提來存在。只有真理才能使設定前提這類事情成為可能。

「設定前提」又意指什麼呢？指的是將某種東西領會為另一存在者的在之根據。這就是在存在者的存在關聯中領會存在者。這種領會只有在展開狀態的基礎上才有可能。於是，將「真理」設為前提指的就是將「真理」領會為此在為其故而存在的東西。但操心這一存在建構包含有這樣的情況：此在一向先行於自身。此在為最自我的能在而在的存在者。展開狀態和揭示活動本質上屬於此在的存在和能在。而此在是在世的存在。事關此在的是它的能在世，其中也有尋視著揭示世內存在者的操勞活動。最原始的「設為前提」在於操心這一存在的建構，在於先行於自身的存在。因為這種設自身為前提屬於此在的存在，因此，我們必須將由展開狀態規定的「我們」也設為前提。被設為前提的真理和人類用以規定真理之在的「有」，都具有此在本身的存在方式和存在意義。我們必須「造出」真理前提，因為它隨「我們」的存在已經是「造好的」。

我們務必要將真理設為前提，作為此在的展開狀態，真理必須在。

當人類在提出真理的存在問題和將真理設為前提的必然性問題時，其實已假設了一個「理想主體」。這種作法或言明或未言明的動機在於這種要求：哲學的課題是「先天性」而非「經驗事實」本身。這個要求有些道理，不過還須奠定它的存在論基礎。

一個「純我」的觀念和一種「一般意識」的觀念遠不包含「現實的」主觀性的先天性；因此這些觀念跳過了此在的實際狀態與存在建構的諸種存在論性質，或這些觀念根本不曾看見它們。如果一個理想化的主體並不保證此在具有基於事實的先天性，就如駁回「一般意識」也並不意味著否定先天性。

真理的存在原始地和此在相關聯。只因為此在是由領會規定的，存在的東西才能被領會，存在領會才有可能。唯有當真理在，才「有」存在。而唯有當此在在，真理才在。存在和真理同樣原始地「在」。

第二章　路標

《路標》是海德格晚年（西元一九六七年）自編的論文集之一，彙集了海德格自一九一九至一九六一年所做的重要文章，完整呈現海德格在近半個世紀的思想歷程。我們之所以向讀者推薦，意在讓讀者對一條道路有所體察，這條路既敞開又隱蔽，只在途中向思想顯露；這是一條通向思想實情的指定道路。

形而上學

什麼是形而上學？或者說形而上學意指什麼？這是一個很艱深也很難闡釋的問題，因此，我無意大談形而上學，而是要探討一個特定的形而上學問題。透過此探討，將我們自身直接放進形而上學中。唯有如此，我們才能使形而上學作一番自我介紹。為此，我打算先提出一個形而上學的問題，然後試圖展開這個問題，最後再來回答這個問題。

提出一個形而上學問題

任何一個形而上學的問題總是包括形而上學問題的整體。此外，每個形而上學的問題都只能這樣被追問，即：發問者本身包括在問題裡面。海德格也提示我們：對形而上學的追問，必須就整體來進行，且必須從發問者此在的本質處境中來進行。

每一個形而上學問題總是包括形而上學問題的整體。此外，每個形而上學的問題都只能這樣被追問，即：發問者本身包括在問題裡面。由此我們得到啟發：對形而上學的追問，必須就整體來進行，且必須從發問者此在的本質處境中來進行。我們是在此時此地為我們自身而發問。我們的此在——在研究人員、教師與學生的共同體中——是由科學所規定。既然科學成了我們的熱忱所在，那在我們的此在深處到底發生什麼變化？

各門科學都有自己獨有的特徵。它們探討對象的方式都不同。在今天，很多支離破碎的學科只不過是被各大學科系的技術組織維繫在一起，且是仰賴各學科的實際應用目的而保持其意義。反之，各門科學的根株在其本質深處早已死亡了。

在一切科學中，當我們探索其最根本的旨趣時，我們是在和存在者本身打交道。從各門學科的角度來看，沒有一個領域比另一個領域優先，歷史既不比自然優先，自然也不比歷史優先。沒有一種對象的探討方式要高於另一種。數學知識並不比語言學、歷史知識更為嚴格。數學只是具有「精確性」的特點，如果向歷史要求精確，那就會與精神科學的特殊嚴格性觀念相牴觸。貫穿於支離破碎的各門科學中與世界相關涉的情況，讓各門科學自行去尋找存在者本身，為的是要按其內蘊和存在的方式，將存在者造成一種研究對象，一種說明問題的對象。

世界對存在者本身這種特殊的關係情況，由人生存的一種自由選定的態度來承擔和進行。人先於科學的活動和在科學之外的活動雖然也和存在者打交道，但科學的優點在於以其特有的方式明確地給事情本身作出最初與最後的斷言。在這樣追問、規定和論證的這些事中，在進行著一種特別的、有限制的、屈從於存在者本身的事，以至於一切都要在存在者身上來顯示自身。科學研究和理論的這種職能，慢慢變成在人的整個生存中可能出現的一種特有的領導地位的根據。科學對世界的特殊關聯情況，以及人進行這種關聯的態度，自然要在我們看到並掌握這樣保持著的與世界關聯情況中所發生的情況時，才會被充分理解。

人——諸多存在者中的一個存在者——「從事科學研究」。在此「從事」中所發生的事情。即人的存在者進入存在者整體。在這一進入時，並透過這一進入，存在者就在其所是的情況以及如何是的情況中動起來。必須先透過這種方式得到這一動作起來進入的幫助，存在者才能達到自身。

這與世界關聯的情況，態度，進入——在根本上完全統一，而且在此統一中將此在動人的單純性和敏銳性帶進科學的生存。倘若我們明確地為自己占有如此闡明的科學的此在，我們就不得不說：世界所關聯的只有存在者本身——再無他物。

每個態度賴以選定其方向的並無其他，而是存在者本身。進入存在者整體時用來進行科學探討的即存在者本身。

但讓人困惑的是——恰恰在研究科學的人確實把握住最自我的東西之處，他談論的竟然是別的東西。被研究的應該只是存在者——再無他物。

這個「無」又是怎麼回事？難道只是一種談論方式？這個「無」恰恰是被科學否定掉，被當作虛無的東西犧牲掉了。可是，倘若我們如此輕易犧牲掉「無」，我們不是正好承認它了嗎？但若我們什麼都不承認，我們這樣談來談去就已經陷入了一種空洞的辭句之爭。

相反，科學現在必須重新鄭重而清醒地宣稱它僅僅過問存在者。這個「無」——對科學來說，它怎麼能不是一種可厭之事與虛幻之物呢？倘若科學是正確的，那麼只有一件事情是確定不疑的：科學不願意聞「無」。歸根究柢，這是對「無」的一種嚴格的科學理解。我們不願意聞「無」來知「無」。

儘管科學不願意聞「無」，但也仍然確實存在這樣的事實，即：在科學試圖道出自己的本質之處時，科學就藉助於「無」。科學所拋棄的東西，科學又需要它。在這裡暴露出什麼樣的兩面物來了呢？

當我們領悟到當下的生存——作為一種由科學規定著的生存——的時候，我們同時陷入了一場糾紛。透過這場糾紛，一個問題浮出水面。這個問題只要求用特別的講法來道出：「無」是怎麼一回事？

追問一個「無」的問題

海德格認為：當存在者整體隱去時，正是「無」來襲之時，面對此「無」，一切「有」的聲音都歸於沉寂。人類在「畏」之茫然失措中往往口不擇言，這是「無」來到面前的明證。當「畏」消退時，人本身直接體驗到「畏」揭示「無」。在新鮮的回憶中定睛一看，我們不能不說：「原來」我們先前曾「畏」與為之而「畏」者竟一無所有。事實是：這樣的曾在者就是「無」本身。

將「無」的問題展開，才發現這個問題根本無法回答。「無」被承認了。科學以一種無所謂的態度將「無」當作「不有」的東西犧牲掉了。

儘管如此，我們仍然試圖追問「無」。「無」是什麼呢？在這一發問中，我們一開始就將「無」定義為某種如此「存在著」的東西——作為一個存在者。但「無」卻恰恰和存在者相反。追問「無」是什麼以及如何是——就將所問的東西變成了它的反面。這個問題本身就剝奪了它自己的對象。

由此看來，任何對此問題的答案自始就不可能。因為任何答案都逃不出這個形式：「無」、「是」如此。所有著眼於「無」的問題和答案，都同樣不科學的在自身之內。

因此根本毋須用科學來駁斥它。一般進行思維時通用的基本規則，必須避免矛盾的原則，一般「邏輯」對這個問題都避而不談。因為思維在本質上總是思維某物，若思維「無」，那就不得不違反它的本質來行事了。

倘若前提是：在這個問題中要以「邏輯」為最高準則，要以知性為手段並透過思維的途徑，以求原始地把握「無」，並對「無」可能暴露的真相作出決斷，那我們對追問「無」的問題就已經到了山窮水盡的地步了。

在追問「無」的這個問題中，知性發揮一定作用，換句話說，我們只有靠知性的幫助才能規定「無」，將「無」定為一個問題。「無」是對存在者一切的否定，是根本不存在者。我們在此卻把「無」置於有「不」的性質的東西的更高規定下。依照有統治權威而且簡直碰不得的「邏輯」理論來說，否定是知性的一種特殊活動。我們怎麼能在追問「無」的問題中甚至在「無」是否可以追問的問題中不要知性呢？我們在此所假定的東西真的如此可靠嗎？這個「不」，這個否定性，都將「無」作為一種特別的被否定者而包括更高規定嗎？僅僅因為這個「不」，也就是說，僅僅因為有這個否定，就有「無」嗎？或事情恰恰相反，正因為有「無」，才有這個否定與這個「不」呢？這些都還沒有定奪，甚至還沒有被提出來成為明確的問題。我們主張：「無」比「不」與否定更原始。

假設這個命題是對的，那麼作為知性活動的否定之所以可能，便以某種方式依賴於「無」。從而知性本身便以某種方式依賴於「無」。那麼知性怎麼可以試圖決定「無」呢？著眼於「無」的問題與答案好像很不科學的情況，畢竟只是出自知性固執己見嗎？

但是，倘若我們為迫問「無」的問題在形式上的不可能所迷惑，而不管可能與否都提出這個問題，我們就必須滿足於對任何問題可能進行追問時所始終要求的基本東西。倘若「無」本身要像往常那樣被迫問，那麼它必須事先被給予。我們才能遇到「無」。

我們去哪裡尋求「無」？如何發現「無」？為了發現某物，我們必須先知道現有此物。一個人當下而且多半只有在已經假定被尋求的東西是現成存在著的時候，這個人才能尋求。但「無」現在是被尋求的東西。到底有沒有一種不帶上述假定的尋求，一種只是純粹發現的尋求？

不管怎麼樣，總之我們認識「無」，即便只是作為我們日常反覆談論的東西來認識的也罷。這個通常被認為不言自明而又黯然失色又不惹人注意地於我們言談中反覆出現的「無」，我們可以給它下一個「定義」：「無」是對存在者的一切加以充分否定。

存在者的一切必須事先被給予，以便將其整個加以否定，「無」本身就會在此否定中顯現出來。

然而，即便我們拋開否定與「無」關係的疑問不談，作為有限的東西，我們如何去將包羅萬象的存在者整體弄成自在的，尤其是使其能為我們所見呢？無論如何，我們總能在「觀念」中思存在者整體，且在思想中否定以及否定地「思」此——如此設想的東西。循此途徑，我們儘管能獲得設想「無」的形式概念，但絕非「無」本身。「無」是一無所有，在設想的「無」與「真正的」「無」之間不能具有一種區別，如果「無」還形成完全無區別狀態的話。那麼「真正的」「無」本身——這不又是那隱藏著的一個有所有的「無」的荒謬概念嗎？如今，知性的詰難已經最後一次阻止我們尋求了。我們的尋求只有仰賴「無」的基本經驗才能證明其合乎情理。

我們從未絕對掌握存在者整體本身，但我們確實發現自身是處於以某種方式被揭露在整體中的存在者之中。掌握存在者整體本身和發現自身處於整體存在者之中，二者存在著本質上的區別。前者在原則上是不可能的。而後者經常發生在我們的具體存在中。當然，事情看起來是這樣：彷彿我們在日常活動中總是附於這個存在者或那個存在者，我們在存在者的此一範圍或彼一範圍中消失了。不論日常事物多麼瑣碎，它總將存在者保持在「整體」的統一中。而且正是當我們不特別留心於外物與我們自身時，存在者就「在整體中」。如以真正的無聊侵襲我們為例。當我們只靠一本書或一場戲，或是這事那事的消遣來無聊地過著日子時，真正的無聊離我們還很遠。當「我真無聊」時，真正的無聊就來臨了。這種深刻的無聊於此在的深淵中如同漫天迷霧，將眾生萬物以及與它們一起的我都帶往一種麻木不仁的境界。這種無聊啟示出在整體中的存在者。

在整體中的存在者除了被這樣啟示出來外，還有另外一種可能，即：此啟示在一個蒙受垂愛的人——親身體驗其存在處藏有歡樂。

人在其中「是」如此這般的情緒，使人類為此情緒所滲透，現身於整體的存在者之中。情緒的現身狀態不只是按照各情緒的方式揭露在整體中的存在者。

我們所稱之為「感受」的東西，既不是我們的思想行為和意志行為變幻無常的附帶現象，也不單純是這些行為的起因，更不是我們無可奈何地碰上的現成狀態。

然而，恰恰是這些情緒將我們引導向在整體中的存在者之前的時刻，它們卻將我們所尋求的「無」隱藏起來，使我們不可得見。現在，我更不會認為，把仰賴情緒啟示出來的在整體中的存在者否定掉，我們就能被引向「無」了。按理說，這類情況原來只能在這種情緒中才能發生，此種情緒按其最特有的揭露意義看來，正啟示出「無」。在一種情緒中，人被引到了「無」本身之前；這種情緒在人的此在中會出現嗎？

人的此在中完全可能出現這種情緒，它出現在「畏」的基本情緒中的若干瞬間。我們談論的此「畏」並非常說的畏懼，畏懼只是太容易出現的恐懼。「畏」與懼有本質上的區別。我們總是恐懼在這個或那個確定的方面威脅我們這個或那個確定的存在者。恐懼總是為某種確定的東西而恐懼，恐懼的人被他現身於其中的東西執著住。這種人在努力迴避此確定的東西時，對其他東西也開始變得惶恐不安，即是說，整個人開始變得「沒頭沒腦的」了。

「畏」的境界卻不再有此迷亂。「畏」，總是與「為……而畏」合而為一，卻不為這個或那個而畏。

我們說，在「畏」中，「這真使人茫然失措」。這個「這」與「人」指的是什麼？我們說不出自己對什麼東西感到茫然失措。卻又確實感覺到整個是這樣。萬物與我們本身都沉入一種麻木不仁的境界。在「畏」中，此存在者整體的隱去縈繞著我們，同時又緊壓著我們。當存在者隱去之時——僅此「無」而已。

「畏」啟示著「無」，我們「漂浮」在「畏」中。說得更明確些：「畏」使我們漂浮著，因為「畏」使存在者整體隱去了，我們本身也隨同隱去在存在者之中。歸根究柢，不是「我」和「你」茫然失措，而是「渾然一心」感到茫然失措。

「畏」使我們忘言。因為當存在者整體隱去時，正是「無」來襲之時，面對此「無」，一切「有」的聲音都歸於沉寂。我們在「畏」之茫然失措中往往口不擇言，這是「無」來到面前的明證。當「畏」消退時，人本身就直接體驗到「畏」揭示「無」了。在新鮮的回憶中擦亮眼睛一看，我們不得不說：「原來」我們先前曾「畏」與為之而「畏」者竟一無所有。事實是：此曾在者即「無」本身。

體會到「畏」的基本情緒，我們就體會到此在之遭際了；在此在之遭際中，「無」有可能被揭示出來，而且「無」只有在此在之遭際中方可得而追問。

「無」是怎麼回事

關於「無」，海德格認為，「無」既不是一個對象，也不是一個存在者。「無」既不自行出現，也不依靠它彷彿附著於其上的那個存在者出現。「無」是使存在者作為存在者對人的此在啟示出來所以可能的力量。「無」並不是在有存在者之後才提供出來的相對概念，而是原始地屬於本質本身。在存在者的存在中，「無」之「不」就發生作用。

「無」是怎麼回事？「無」在「畏」中顯露自身。但並非是作為存在者而顯露出來的。「無」也絕不會作為對象而被給予。「畏」並不是對「無」的掌握。「無」在「畏」中與存在者整體渾為一體而露面。這個「渾然一體」是什麼意思呢？

在「畏」中，存在者整體離形去智同於大通了。什麼意義下會發生這種情況？存在者不是被「畏」消滅了，以便只讓「無」剩下來。「畏」正是在完全無能為力的處境中面對存在者整體，在「畏」中，並不會發生消滅整個存在者本身的情況，也不是我們要將存在者整體否定掉，以求先獲得「無」。即便我們試圖透過這樣的否定得到「無」，也為時已晚。在試圖這樣做之前，「無」已經露面了。

在「畏」中有一種「對……的迴避」，此迴避是一種無動於衷的安寧。此「對……的迴避」從「無」處得到結局。「無」並不引向自身，而是在本質上就處於拒絕狀態。但是，這樣從自身方面進行的拒絕，卻是要指引向低沉的存在者整體而又使其離形去智。這整個拒絕的指引向離形去智的存在者整體，就是「無」在「畏」中用以縈繞此在的方式，即「無」的本質——不。

此「不」絕不是隨意出現的事，而是拒絕的指引向離形去智的存在者整體；它即以此方式將這個存在者從其迄今完全隱而不現的陌生狀態中啟示出來，成為與「無」相對的其他物體。

存在者有——而不無。這個我們在言談中對此所說的「而不無」卻不是事後追加的解釋，反而根本就是它在事先使存在者被啟示出來成為可能。這個原始的能不的「無」的本質就在於：它首先將此在帶到這樣的存在者之前。

只有以「無」所啟示出來的原始境界為根據，人的此在才能接近並深入存在者。但是只消此在按其本質與非此在的存在者而只是存在者自身的存在者發生關係，這樣的此在就已經從有所啟示的「無」方面來。

此在意味著：嵌入「無」中的境界。

此在將自身嵌入「無」中時，就已經超出存在者整體之外了。我們將此超出存在者之外的境界稱為超越境界。倘若此在在其本質深處都不超越，那此在根本就不能與存在者打交道，無法和自己本身打交道。

沒有「無」所啟示出來的原始境界，就沒有自我存在，更不會有自由。

於是，「無」的問題有了答案。「無」既不是一個對象，也不是一個存在者。「無」既不自行出現，也不依靠它彷彿附著於其上的那個存在者出現。「無」是使存在者作為存在者對人的此在啟示出來所以可能的力量。「無」並非在有存在者之後才提供出來的相對概念，而是原始地屬於本質本身。在存在者的存在中，「無」的「不」就發揮作用。

「無」是否定的根源。如果知性的權威在追問「無」與「有」的問題範圍內被打倒，在哲學範圍內「邏輯」的統治地位命運也就決定了。「邏輯」的觀念本身就在一個更原始的問題漩渦中消散了。

此在憑藉隱而不顯的「畏」，被嵌入「無」中，於是，人就站到「無」的地位上了，我們是這樣的有限，以至於我們不能靠自己的決心與意志將我們自身原始地帶到「無」之前。在我們此在中的一切都變成有限的這一情況竟然埋藏得如此深，以至於我們的自由對最自我的與最深的有限性束手無策。

此在憑藉隱而不顯的「畏」嵌入「無」中的境界就是越過存在者整體的境界：超越境界。

我們苦苦追問「無」的問題就是要將形而上學本身展示於我們之前。

形而上學即超出存在者之上的追問，以求對這樣的存在者整體獲得理解。

在追問「無」的問題中，出現過一種超出作為存在者整體的存在者之上的情形。因此這個問題即表現為「形而上學的」問題。追問「無」的問題是以什麼樣的情況來貫穿於形而上學整體的呢？

關於「無」，形而上學用一句涵義很多的話說道：從「無」生「無」。古代形而上學所講的「無」的意思是非有，即未成形的質料，此質料不能將自身形成有形的因而即可提供外貌的存在者。存在是形成自身的形體，這樣的形體顯現成形。對「有」的看法的淵源、理由和界限都和「無」本身一樣未經探討。但是，基督教的教義卻否認「從『無』生『無』」這句話是真理，並且在上帝完全一無所有這一意義之下賦予「無」一種全新意義：從「無」創造「有」。於是「無」就變成了和真正的「有」、至上之有、作為（不能被創造的「有」）的上帝相對的概念。對「無」的講法在此也表示了對存在者的基本看法。但對存在者作形而上學的研討工作和追問「無」的問題是在同一平面上進行的。追問「有」與「無」的問題還是聽任二者處於此種狀態。對此種狀態，因為有上帝既從「無」創造，那就不得不和「無」打交道——這樣的難題簡直簡直管不了。但是既然又說「絕對者」排除一切虛無狀態，如果上帝是上帝，他就不能認知「無」。

經過簡短的歷史回顧表示「無」是真正存在者的對立概念，是對存在者的否定。但若「無」以任何情況成為問題，那就不僅是此種對立關係獲得了更明確的規定，而是由於此對立關係，才喚起人類提出追問存在者的存在這一真正的形而上學問題。「無」已經不再是存在者不確定的對方，而表示自身屬於存在者的『存在』。黑格爾說：「純粹的『有』與純粹的『無』是一回事。」

「有」與「無」是一回事，之所以這樣說，倒不是因為它們二者在其不確定性與直接性中一致，而是因為「有」本質在本質上是有限的，並且只在嵌入「無」中的存在超越境界中顯示自身。

如果要追問這樣的「有」的問題是形而上學包羅一切的問題，那麼追問「無」的問題就表現為這樣的問題：它籠罩形而上學整體。但是「無」的問題迫使我們面對否定的起源問題，也就是說，歸根究柢是迫使我們對「邏輯」在形而上學中的合法統治地位加以決斷，那麼追問「無」的問題同時還貫徹形而上學整體。

於是(從「無」到「無」)這句話就有了另一種談到「有」的問題本身的意義，並成為：從「無」生一作為「有」的「有」。存在者整體在此在之「無」中才以有限的方式到達自己本身。追問「無」的問題如果是一個形而上學的問題，那它是在何種情況下將我們發問的此在包括到它自身之內去的呢？我們將我們此時此地體會到的此在說成是基本上由科學規定的。如果我們的被規定的此在已經被攞到追問「無」的問題中，我們的此在就不得不由這個問題而成為值得追問的了。

科學的此在有其獨有的特徵，它以一種特別的方式只和存在者打交道。科學總想以優越的姿態將「無」犧牲掉。但是，現在在對「無」追問的過程中弄明白了，這個科學的此在只有當其一開始即嵌入「無」中時才可能有。只有當科學的此在不犧牲「無」時，科學的此在才能在其所是的情況中了解自身。倘若科學不好好地認真對待「無」，那麼號稱明達與優越的科學都將成為笑話。只因為「無」是可以弄明白的，科學才能將存在者本身作為研究對象。只有當科學是從形而上學中生存起來的時候，科學才能不斷獲得新的基本任務，其基本任務不在於積累與整理知識，而在於對自然與歷史真理的整個空間永遠要進行新的開拓工作。

只因為「無」在此在的深處可得而見，存在者才能迫使我們陷於十分詫異的境界。只有當存在者迫使我們詫異時，它才能喚起驚奇之感並吸引人驚奇。只有以「無」所啟示出來的境界為根據，才會提出「為什麼」的問題。只因為可能提出這樣的為什麼的問題，我們才能以一定的方式追問理由並作論證。只因為我們能夠追問與論證，研究家的命運才會落在我們的生存上。

追問「無」的問題將我們自身擺在問題中。這個問題是一個形而上學的問題。人的此在只有當其將自身嵌入「無」中時才能和存在者打交道。超越存在者之上的活動發生於此在的本質中，此超越活動即形而上學本身。由此可見形而上學屬於「人的本性」。形而上學既不是學院哲學的一個部門，也非任意心血來潮。形而上學是此在內心的基本現象，是此在自身。

論真理的本質

真理具有它的對立面，並且有非真理。命題的非真理（不正確性）就是陳述與事情的不一致。事情的非真理（非真正性）就是存在者與其本質的不符合。無論如何，非真理總是被把握為不符合。這種不符合落在真理的本質之外。因此，在把握真理的純粹本質之際，可以把作為真理的一個對立面的非真理放在一邊。

真理的概念

關於真理，海德格給出了這樣的定義：「真理」是一個崇高、同時也是被用濫的、幾近晦暗不明的字眼，它意指那個使真實成為真實的東西。

世人通常理解的「真理」是什麼？「真理」是一個崇高的、同時也是被濫用的、幾近晦暗不明的字眼，它意指那個使真實成為真實的東西。那什麼是真實呢？舉個簡單的例子。如我們說：「我們一起完成這項任務是真實的快樂。」意思是說這是一種純粹的、現實的快樂。真實即現實。據此，我們也談論不同於真金的假金。假金並不就是它表面上看起來的那樣。它僅僅是一種「假象」，因為是非現實的。非現實被看作是現實的反面。但假金卻也是某種現實的東西。因此，我們更明白地說：現實的金是真正的金。但真金與假金都是「現實的」，真正的金並不亞於流通的非真正的金。可見，真金之真實並不能由它的現實性來保證。於是又要重提一個問題：何謂真正的和真實的？真正的金是現實的東西，其現實性不符合我們「本來」就事先並且總是以金所指的東西。相反，當我們以為是假金的時候，我們會說：這是某種不相符的東西。對「適得其所」的東西，我們會說：這是名副其實的。事情是相符的。

然而，我們不僅將現實的快樂、真正的金和所有此類存在者稱為真實的，而且也將我們關於存在者的陳述稱為真實或虛假的，而存在者本身按其方式可以是真正或非真正的，在其現實性中可以是這樣也可以是那樣。當一個陳述的所指所說與它所陳述的事情吻合時，我們會說該陳述是真實的。我們亦說：這是名副其實的。但現在相符的不是事情，而是命題。真實的東西是相一致的，是相符的。這裡，真實和真理意味著符合，雙重意義上的符合：一方面是事情與人類對之所作的先行意謂的符合；另一方面是陳述的意思與事情符合。

傳統的真理定義表現了符合的雙重特性。其意可以是：真理是物與知的符合。也可以說：真理是知與物的符合。但是，人類喜歡將上述定義表達為：真理是知與物的符合。這樣理解的真理，即命題真理，只有在事情真理的基礎上，也就是在物與知符合的基礎上才有可能。真理的兩個本質概念始終意指一種「以……為取向」，它們所思的即作為正確性的真理。

即便如此，前者卻並非是對後者的單純顛倒。可以這樣理解，在這兩種情況下，知與物被作了不同的思考。為了認清這一點，我們必須追溯通常真理概念的流俗公式最貼切的起源。作為物與知的符合的真理並非後來的、唯基於人的主體性才有可能的康德先驗思想，即「對象符合與我們的知識」，而是指基督教神學的信仰，即認為：從物的所是和物是否存在來看，物之所以存在，只是因為它們作為受造物符合於在，即上帝精神中預先設定的觀念，因而在觀念上是正當的（正確的），在此意義上看來是「真實的」。就連人類理智也是種受造物。

作為上帝賦予人的一種能力，它必須滿足上帝的觀念。但理智之所以在觀念上是正當的，是由於它在其命題中實現所思與必然相應於觀念的物的符合。如果一切存在者都是「受造的」，那麼人類知識的真理的可能性就基於如此：物與命題同樣符合觀念，因而根據上帝創業計畫的統一性而彼此吻合。作為物（受造物）與知（上帝）的符合的真理保證了作為知（人類的）於物（創造的）的符合的真理。本質上，真理指的是合作，一種根據創世秩序的規定的「符合」。

這種秩序在擺脫了創世觀念後，也能一般地和不確定地作為世界秩序被表象出來。神學上所構想的創世秩序為世界理性對一切對象的可計畫性所取代。世界理性為自身立法，從而也要求其程序具有直接的明白可解性。命題真理的本質在於陳述的正確性。同樣，事情真理也總是意味著現成事物與其「合理性的」本質概念的符合。這就形成了一種假象：

彷彿這一對真理本質的規定無賴於對一切存在者的存在本質闡釋——這種闡釋總包含著對作為知識的承擔者和實行者的人的本質的闡釋。

於是，有關真理本質的公式就獲得了任何人都可以立即洞明的普遍有效性。這一真理概念的不言自明性從其本質根據中來看幾乎未曾得到關注；而在這種自明性的支配下，人類也承認下面這件事同樣不言自明：真理具有它的對立面，並且有非真理。命題的非真理（不正確性）即陳述與事情的不一致。事情的非真理（非真正性）即存在者與其本質的不符合。無論如何，非真理總是被把握為不符合。這種不符合落在真理本質之外。因此，在把握真理的純粹本質之際，就可以把作為真理的一個對立面的非真理放在一邊了。

現在，我們還需要對真理的本質作一種特殊揭示嗎？真理的純粹本質不是已經在那個不為任何理論所擾亂的、由其自明性所確保的、普遍有效的概念中得到充分體現了嗎？此外，倘若我們把那種將命題真理歸結為事情真理的做法看作它最初所顯示出來的東西，看作一種神學解釋，倘若我們還純粹地保持哲學的本質界定，以防神學的混雜，且將真理概念限於命題真理，那我們將立即遭遇一種古老的思想傳統，依這個傳統來看，真理就是陳述與事情的符合一致。如果我們知道陳述與事情符合一致的意思，有關陳述還有什麼值得追問的呢？我們知道這種符合一致的意思嗎？這些問題都需要我們一一去探討。

符合的內在可能性

根據流俗的真理概念，符合是一種適合。適合的意思不可能是不同物之間在物性上的同化。適合的本質取決於陳述與物之間起作用的那種關係的特徵。當然，單靠這種「關係」還不能確定，在其本質上依然未曾得到論究，這樣，所有關於此種適合的可能性和不可能性爭執，以及關於此種適合的特性和程度的爭執都將陷入空洞。

我們會在不同的場合、不同的意義上談到符合。比如，看到桌子上有兩枚五分硬幣，我們會說：它們彼此符合一致。兩者由於外觀上的一致而相符合。它們有著共同的外觀，且就此來說，它們是相同的。如果我們就其中一枚硬幣說：它是圓的，這時我們也談到了符合。不過，這裡是陳述與物相符合。其中的關係不是物與物之間的，而是陳述與物之間的。物與陳述又在何處符合一致呢？從質地上看，物與陳述顯然不同。硬幣是由金屬做成的，而陳述根本就不是物質。

從外形上看，硬幣是圓形的，而陳述沒有外形。另外，硬幣是一種貨幣，能用來購買物品，但關於硬幣的陳述從來就不是貨幣，自然也就無法用它來購買物品。但是，儘管有上述諸多不同，陳述作為一個真實的陳述卻與硬幣相符合。而且，根據流俗的真理概念，這種符合乃是一種適合。完全不同的陳述如何能與硬幣適合呢？或許它必得成為硬幣，並且以此完全取消自己。這是陳述絕對做不到的。一旦做到這一點，陳述也就不可能成為與物相一致的陳述了。在相稱中，陳述必須保持其所是，甚至首先要成其所是。那陳述全然不同於其他一物的本質在哪？陳述又是如何透過守住其本質而與一個它者——物——相適合呢？

在這裡，適合的意思不可能是不同物之間於物性上的同化。還不如說，適合的本質取決於在陳述與物之間起作用的特徵。當然，單靠這種「關係」仍然不確定，在其本質上還未曾得到論究，如此一來，所有關於此種適合的可能性和不可能性爭執，關於此種適合的特性和程度的爭執，就會陷入空洞。但關於硬幣的陳述將「自身」繫於這一物，因為它將這一物表象出來，且就這個被表象的東西來說，這一表象的東西在其主要方面處於何種情況中，有所表象的陳述就像對一個如其所是的被表象之物那樣來說其所說。這個「像……」那樣涉及到表象及其所表象的東西。在此，在不考慮所有那些「心理學的」和「意識理論的」先行之見的情況下，表象意味著讓物對立而成為對象。作為如此這般被擺置者，對立者必須橫貫一個敞開的對立領域，同時自身又必須保持為一物，並且自行顯示為一個持留的東西。

貫穿於對立領域的物的這一現實行於敞開之境中，此敞開之境的敞開狀態並非由表象所創造，而是往往只作為一個關聯領域而為後者所干涉和接受。表象性陳述與物的關係乃是那種關係的實行，這種關係原始地且向來作為一種行為表現出來。但一切行為的特徵在於，它持留於敞開之境而總是繫於一個可敞開者之為可敞開者。嚴格意義上的可敞開者於早年的西方思想中被經驗為「在場者」，且長期被稱為「存在者」。

行為向存在者保持開放，所有開放的關聯都是行為。按照存在者的種類和行為方式，人的開放姿態各不相同。任何作業與動作，任何行動與籌謀，都處於敞開領域之中，在其中，存在者作為所是和如何是的存在者，才能適得其所且成為可道說的。而只有當存在者本身向表象性陳述呈現自身，以至於後者服從於指令而如其所是地道說存在者之際，上面的情形才會發生。由於陳述遵從這個指令，它才能指向存在者。這樣指引著的道說是正確的，被道說的東西也是正確的東西。

行為的開放狀態賦予了陳述正確性；只有透過行為的開放狀態，可敞開者才能成為表象性適合的標準。開放的行為本身必須要讓自己來充當這種尺度。這意味著：它必須擔當起對一切表象標準的先行確定。這歸於行為的開放狀態。但是，倘若只有透過行為的這種開放狀態，陳述的正確性（真理）才有可能，使正確性得以成為可能的東西就必然具有更原始的權利而被看作真理的本質。

故將真理當作陳述的唯一本質位置而指派給它的做法也就自動失效了。真理的原始地並非寓居於命題之中。但與此同時也衍生出一個問題，即開放的和先行確定標準的行為的內在可能性根據的問題，唯有這種可能性才能賦予命題正確性從根本上實現的真理本質的外觀。

正確性之內在可能性

先行確定一種定向，指示一種符合一致，這種先行確定已經自行開放而入於敞開之境，已經為一個由敞開之境而運作的結合當下其各種表象的可敞開者自行開放。這種為結合的定向的自行開放，只有作為向敞開之境的可敞開者的自由存在才是可能的。這種自由存在指示著迄今未曾得到把握的自由本質。作為正確性之內的可能性，行為的開放狀態植根於自由。

表象性陳述從何獲得指令，去指向對象且依正確性與對象符合一致？為什麼這種符合一致也一併決定著真理的本質？而先行確定一種定向，指示一種符合一致，類似這樣的事情是如何發生的？只有這樣來發生，即這種先行確定已經自行開放而入於敞開之境，已經為一個由敞開之境而運作著的結合當下各種表象的可敞開者自行開放出來了。這種為結合著的定向的自行開放，只有作為向敞開之境的可敞開者的自由存在才有可能。這種自由存在指示著迄今未曾得到把握的自由本質。作為正確性之內的可能性，行為的開放狀態植根於自由。真理的本質乃是自由。

但是，關於正確性本質的命題不是以一種不言自明替換了另一種不言自明嗎？為了能夠完成一個行為，由此也能完成表象性陳述的行為，乃至與「真理」符合或不符合的行為，行為者當然必須是自由的。然而，前面那個命題實際並不意味著，作出陳述、通報與接受陳述是一種無所拘束的行為；反之，這個命題倒說：自由是真理本質本身。在此，「本質」被理解為一般被當作已知的東西的內在可能性的根據。但在自由這個概念中，我們所思的卻並不是真理，更不是真理的本質。因此，「真理」（陳述之正確性）的「本質是自由」這個命題就必然是令人詫異的。

將真理的本質設定於自由中——這不是將真理委屈於人的隨心所欲嗎？人類見真理交付給人——難道還有比這更為徹底的對真理的葬送嗎？真理在此被壓制到人類主體的主

體性那裡。儘管這個主體也能獲得一種客觀性，但這種客觀性也還與主體性一起，是人性的，且受人的支配。

錯誤與偽裝，謊言和欺騙，幻覺與假象，簡言之，諸多的非真理，人類理所當然的將它們歸咎於人。但非真理確實也是真理的反面，因此，非真理作為真理的非本質，便理所當然地被排除在真理純粹本質的問題範圍之外了。非真理的人性起源，僅僅是根據對立去證明那種「超出」人而起支配作用的「自在的」真理本質。形而上學將這種真理看作不朽和永恆的，無法建立在人之本質的易逝性和脆弱性之上。那真理的本質該如何才能在人的自由中找到其保存和根據呢？

對「真理的本質是自由」的命題的排斥態度依靠的是一些先入之見，其中最頑固的是：自由是人的特性。自由的本質毋須，也不容進一步的置疑。人是什麼，盡人皆知。

自由的本質

關於自由的本質，海德格這樣解釋：一個正確的表象性陳述與之相稱的那個可敞開者，是一向在開放行為中敞開的存在者。向著敞開之境的可敞開者的自由讓存在者成其所是。於是，自由便自行揭示為讓存在者存在。換句話說，自由的本質便是讓存在者存在。

關於真理與自由的本質關聯的思考驅使我們討論認識本質的問題，著眼點是保證我們獲得對人（此在）的被遮蔽的本質根據的經驗，這種經驗事先將我們置於原始地本質現身著的真理領域之中。但由此也顯示出：自由之所以是正確性之內的可能性的根據，那是因為它從獨一無二的根本性真理的原始本質那裡獲得自我本質。

最初，自由被規定為對於敞開之境的可敞開者來說是自由了。我們應該如何思考自由的本質呢？一個正確的表象性陳述與之相稱的可敞開者，是一向在開放行為中敞開的存在者。向著敞開之境的可敞開者的自由讓存在者成其所是。於是，自由便自行揭示為讓存在者存在。

通常，當我們放棄一件早已安排好的事情時，我們就會說到這個存在。「我們順其自然吧」，意思就是我們不要再干預它，不要去碰它。在這裡，讓某物存在放任、放棄、冷漠，乃至疏忽等消極意義。

但是，「讓存在者存在」一詞卻沒有疏忽和冷漠的意思。「讓存在」乃是讓參與到存在者那裡。當然，我們也不能簡單地將它理解為對當下照面的或尋找到的存在者的單純推動、保管、照料和安排。讓存在——即讓存在者成其所是——意味著：參與到敞開之境及其敞開狀態中，每個似乎與之俱來的存在者就置身於這種敞開狀態中。作為「讓存在」，它向存在者本身展開自身，且將一切行為置入敞開之境中。讓存在本身就是綻放的。著眼於真理的本質，自由的本質顯示自身為進入存在者的被解蔽（解開遮蔽，下同）狀態的展開。

自由並非通常的理智喜歡任其借此名義四處流傳的東西，即那種偶爾出現的在選擇中偏向於此或偏向於彼的任意。自由並非是對行為的可為和不可為不加任何約束。自由也不只是對必需之物和必然之物的準備。自由乃是參與到存在者本身的解蔽過程中去。被解蔽狀態本身被保存於綻放的參與之中，由於這種參與，敞開之境的敞開狀態——即這個「此」才是其所是。

在此之在中，人才具有他賴以生存的本質根據，而這個本質根據長期以來無人接觸過。在此，「生存」並不意味著一個存在者的出現和「現存」意義上的實在。但「生存」在此也不是「在生存狀態上」，意指人在身心機制的基礎上構造出來的為其自身道德努力。綻放的生存植根於作為自由的真理，乃是進入存在者本身的被解蔽狀態之中的展開。

倘若綻放的此之在——作為讓存在者存在——解放了人而讓人獲得「自由」，因為它才為人提供出選擇的可能性（存在者），向人托出必然之物（存在者），那麼人的任性願望就不占有自由。人並不將自由「占有」為特性，而是綻放的、解蔽著的此之在占有人，以至於唯有自由才允諾給人類與作為存在者的存在者整體的關聯，而這種關聯才創建並代表著一切歷史。唯有綻放的人才是歷史性的人。「自然」是無歷史的。

這樣來理解的作為讓存在者存在的自由是存在者解蔽意義上的真理本質的實現和實行。「真理」並不是正確命題的代表，並不是由人類「主體」對一個「客體」所說出的，且在某個地方「有效」命題的代表；可以這樣來理解「真理」，「真理」是存在者的解蔽，透過這種解蔽，一種敞開狀態才成其本質。人類一切行為和姿態都在它敞開的環境中展開。因此，人才能以綻放的生存方式存在。

由於沒有一種人類行為是以各自的方式保持開放，且與它所對待的東西相協調，因此，讓存在的行為狀態——即自由，必然已經賦予它一種內在指引的稟賦——即指引表象去符合當下存在者。於是，所謂人綻放地生存就意味著：一個歷史性人類的本質可能性的歷史對人來說即被保存於存在者整體的解蔽中了。歷史罕見而質樸的決斷就源自真理原始本質的現身方式中。

但是，基於真理在本質上乃是自由，因此，歷史性的人在讓存在者存在中也可能讓存在者不成其為它所是和如何是的存在者。如此一來，存在者就被遮蓋和偽裝了。假象占據了上風，於此，真理的非本質凸顯出來了。不過，因為綻放的自由作為真理的本質並非人原有的特性，故即便是真理的非本質，也並非事後來源自人的純然無能和疏忽。非真理必然源出於真理的本質。只是因為真理和非真理在本質上並非互不相關，相反，兩者是共屬一體的。如此，一個真實的命題才能成為一個相應地非真實命題的對立面。於是，真理本質的問題才能達到問之所以問的原始領域中，當時，處於對真理的全部本質的先行領悟，這個問題也已經將對於非真理的沉思攝入本質揭示中了。對真理之非本質的探討並不是事後補遺，而是充分地發動追問真理本質的關鍵。但是，我們應該如何理解真理本質中的非本質呢？假如說陳述的正確性並沒有囊括真理的本質，那非真理也不能與判斷的不正確性相等同。

真理的本質

關於真理的本質，海德格用一句簡潔的話提出——即揭示自身為自由。自由是綻放的、解蔽的，讓存在者存在。任何一種開放行為都在「讓存在者存在」中漂浮不定，且往往對此一或彼一存在者有所作為。作為參與到存在者本身的解蔽中去這樣的情況，自由已經使一切行為協調於存在者整體。

真理的本質揭示自身為自由。自由是綻放的、解蔽著的讓存在者存在。任何一種開放行為都在「讓存在者存在」中漂浮不定，且往往對此一或彼一存在者有所作為。作為參與到存在者整體本身的解蔽中這件事，自由已經使一切行為協調於存在者整體。然而，我們並不能將這種協調狀態理解為「體驗」和「情感」，因為這樣做，我們不過是使其喪失了本質，且從那種東西出發對之做出解釋而已。

協調狀態即一種人於存在者整體綻放的展開狀態，之所以能夠被「體驗」和「感受」，是因為「體驗的人」被嵌入一種揭示存在者整體的協調狀態中了。古時候，人的每一種行為，無論它是否被強調、被理解，都是被調和的，且透過這種調和而被推入存在者整體之中。存在者整體的敞開狀態並非我們熟悉的存在者總和。情況恰恰相反：存在者不為人所熟悉的地方，存在者沒有或還只是粗略地被科學所認識的地方，存在者整體的敞開狀態能夠更為本質地運作；相對而言，在熟知的和隨時可知的東西成為大量的，且由於技術無限度地推進對物的統治地位而使存在者不再能夠抵抗人類賣力的認識活動之處，存在者整體的敞開狀態很少運作。正是在這種平庸無奇中，存在者的敞開狀態被視為表面的虛無。

調和讓存在者存在貫通一切於存在者中漂浮的開放行為，且先行於存在者。人的行為完全由存在者整體的可敞開狀態來調和。但從日常計算和動作的視野來看，這一「整體」似乎不可計算、無法把握。

從當下可敞開的存在者那裡——無論這種存在者是自然中的存在者還是歷史中的存在者——我們都無法把握到這個「整體」。儘管不斷地調和一切，它依然是未曾確定、不可確定的東西。因此，它也有可能是對流行最不假思索的東西。然而，這個調和者並非一無所有，而是存在者整體的遮蔽。讓存在總是在個別行為中讓存在者存在，對存在者有所動作，因而解蔽存在者；正因為如此，讓存在才遮蔽著存在者整體。讓存在本身也是一種遮蔽。在此之在綻放的自由中，發生著存在者整體的遮蔽，存在著遮蔽狀態。

遮蔽

海德格認為，遮蔽狀態不會給無蔽以解蔽，且不允許無蔽成為剝奪，而是讓無蔽保持著它固有的、最原始的東西。於是，從作為解蔽狀態的真理方面來看，遮蔽狀態就是非解蔽狀態，即對真理本質而言最原始、最根本的非真理。

遮蔽狀態不會給無蔽解蔽，且不允許無蔽成為剝奪，而是為無蔽保持它固有的最自我的東西。故從作為解蔽狀態的真理方面來看，遮蔽狀態就是非解蔽狀態，即對真理本質而言最自我的和最根本性的非真理。

存在者整體的遮蔽狀態並非事後才出現的，也不是由於我們對存在者始終只有零碎了解的原由。存在者整體的遮蔽狀態，比此一或彼一存在者的任何一種可敞開狀態更古老。它也比讓存在者本身更古老，這種讓存在在解蔽之際已然保持遮蔽了，且向遮蔽過程有所行動了。是什麼將讓存在保存於這種與遮蔽過程的關聯中的呢？不外乎是對被遮蔽者整體的遮蔽，對存在者本身的遮蔽而已——也就是神祕——統攝著人的此之在的神祕本身（被遮蔽者的遮蔽）。

讓存在者整體存在——是解蔽著又遮蔽著的，其中有過這樣一回事：遮蔽顯示為首先被遮蔽者。綻放的此之在保存著最初的和最廣大的非解蔽狀態，即根本性的非真理。真理的根本性的非本質是神祕。非本質並不意味著低於在一般之物及其可能性和根據這種意義上的本質。這裡所說的非本質，是指先行成其本質的本質。「非本質」大概是指那種已經脫落的本質的蛻變。不過，在上述任何一種意義上，非本質向來以其方式保持為本質性的，從不會成為毫不相關意義上的非本質性的東西。而這樣來談論非本質和非真理，已遠遠背離了普遍認知，乍看之下就像在搬弄費盡心思想出來的「悖論」。這種觀念很難消除，我們似乎應該放棄這種矛盾的談論；但它僅矛盾於普遍的意見。對有見識的人而言，真理原初的非本質（即非真理）中的「非」，是指示著那尚未被經驗的存在的真理領域。

作為讓存在者存在，自由在自身中是下了決心的姿態，即沒有自行所閉起來。一切行為都植根於此種姿態，且從中獲得指引而向存在者及其解蔽。但是，這一向著遮蔽的姿態卻同時自行遮蔽，因為它一任神祕之被遺忘狀態占了上風，且消隱於這種被遺忘狀態中。儘管人不斷地在其行為中對存在者有所作為，但他也往往只對待了此一或彼一存在者及其當下可敞開狀態而已。即便在最極端的情形中，他依然固執於方便可達的和可控制的東西。而且，當他著手拓寬、改變、重新獲得和確保在其所作所為的諸種不同領域中的存在者的可敞開狀態時，他也依然從方便可達的意圖和需要範圍內取得其行為的指令。

然而，滯留於方便可達的東西，這本身就是不讓被遮蔽者的遮蔽運作起來。不可否認，在通行的東西中也有令人費解的、留有疑問的東西。但這些自身確實的問題只不過是通行之物通行的過渡和中轉站，因而非本質性的。當存在者整體的遮蔽狀態僅被附帶地看作一個偶爾呈報出來的界限時，作為基本條件的遮蔽便開始淪於遺忘了。

不過，此在的被遺忘的神祕並沒有被遺忘狀態所消除。神祕在被遺忘狀態中尚為這種被遺忘狀態而自行拒絕，故它讓在其通行之物中的歷史性的人寓於他所做成的東西。這樣一來，人類就得以根據最新的需求和意圖來充實他的「世界」，以他的打算和計畫來充滿他的「世界」。於是，在被遺忘存在者整體之際，人便從他的打算和計畫中取得其尺度。他固守其尺度，且不斷地為自己配備新的尺度，卻還沒有考慮尺度採納的根據和尺度給出的本質。儘管向一些新的尺度和目標前進了，但在其尺度的本質真正性這件事上，人卻出了差錯。他越是單獨地將自己當作主體，當一切存在者的尺度，他就錯的越離譜。人類自有的忘性總固執於用那種對他而言方便可得的通行之物來確保自己。這種固執在那種姿態中有它不得而知的依靠；作為這種姿態，此在不僅綻放地生存，同時也頑固地守住那彷彿從自身而來自在地敞開的存在者所提供出來的東西。

綻放的此在是固執的。即使在固執的生存中也有神祕在運作；只不過，此時神祕作為被遺忘的、從而成為「非本質性的」真理的本質來運作。

迷誤

人並非現在才誤入歧途，人總在迷誤中徬徨，因為人在綻放之際也固執，自然就在迷誤中了。迷誤是屬於歷史性的人被納入其中的此之在的內在機制。迷誤乃是轉向的運作領域，在這種轉向中，固執綻放的生存總隨機應變地重新遺忘自己、重新出了差錯。迷誤是原初真理本質其本質性的反本質。

人固執孜孜於一向最貼切可達的存在者。但並非任何人都如此，只有已經綻放的人，人才能固執，因為他已經將存在者之為存在者當作標準了。但在他採納標準之際，人類卻背離了神祕。那種固執地朝向方便可達的東西，同這種綻放地背離神祕，兩者同屬於一體。這種朝向和背離又與此在中的來回往復的固有轉向亦步亦趨。人離開神祕而朝向方便可達的東西，匆忙的離開一個通行之物，趕向最貼切的通行之物而與神祕失之交臂——這一番折騰即誤入歧途。

人並非是現在才誤入歧途，人總在迷誤中徬徨，因為人在綻放之際也固執，因此自然已經在迷誤中了。迷誤是屬於歷史性的人被納入其中的此之在的內在機制。迷誤乃是轉向的運作領域，在這種轉向中，固執的綻放於生存總隨機應變地重新遺忘自己，重新出了差錯。對被遮蔽的存在者整體的遮蔽支配著當下存在者的解蔽過程，這種解蔽過程作為對遮蔽的被遺忘狀態而轉為迷誤。

迷誤是原初真理本質的本質性的反本質。迷誤公開自身為本質性真理的每一個對立面的敞開領域。迷誤是錯誤的敞開之所和根據。

依照開放狀態和它與存在者整體的關聯，每一種行為都是迷誤的表現方式。錯誤的範圍非常廣泛，從日常的做錯、看錯、算錯，到本質性態度和決斷中的迷失和迷路，這些都是錯誤。但是，從哲學上定義錯誤，那便是判斷的不正確性和知識的虛偽性，它不過是迷誤的一種，而且只是最膚淺的迷誤。一個歷史性的人類必然誤入迷誤之中，因此其行程有迷誤的；此種迷誤同時也提供一種可能性，即：人透過經驗迷誤本身，且在此之在的神祕那裡不出差錯，人就可能不讓自己誤入歧途。

基於人固執地生存於迷誤之中，基於引人誤入歧途的迷誤總以某種方式咄咄逼人，且由於這種逼迫控制了神祕，因此，人在其此在綻放的生存中就特別屈服於神祕的支配和迷誤的逼迫了。他處於受統一者和它者的強制困境中。完整地包含著其最自我的非本質的真理本質，憑藉這種不斷地來回往復轉向，將此在保持於困境之中。此在即人於困境的轉向。從人的此之在而來，且唯從人的此之在而來，才出現對必然性的解蔽，相應地也就出現了那種人於不可迴避之物中的可能的移置。

對存在者本身的解蔽同時亦是對存在者整體的遮蔽。在這個解蔽和遮蔽的過程中，迷誤也在運作。對被遮蔽者的遮蔽與迷誤一道歸屬於真理的原初本質。從此在固執的綻放之生存來理解，自由乃是真理的本質，而這僅僅是因為自由本身起源於真理的原始本質，起源於在迷誤中的神祕運作。讓存在者存在實行於保持開放的行為。但讓作為整體的存在者存在，這只有當它在其原初的本質中偶爾被接納時才會合乎本質地發生。於是，朝向神祕的有決心的展開便在進入迷誤本身途中了。如此，真理本質的問題便得到了更原始的追問。真理本質與本質真理的糾纏關係的根據便呈現出來。觀察人那從迷誤而來的神祕，這是一種獨一無二的追問，即追問存在者之為存在者整體為何。這種追問思考存在者之存在的問題從根本上令人誤入歧途，因此在其多義性方面尚未得到掌握。起源於這種追問的存在之思，從柏拉圖開始就被理解為「哲學」，後來又被冠以「形而上學」之名。

真理本質問題與哲學

在本節中，海德格揭示了真理問題與哲學的關係，認為真理本質的問題超越了流俗的本質概念中習慣界定的範圍，且有助於我們去思索——真理本質的問題是否同時和首先必定是本質的真理問題。但在「本質」這個概念中，哲學思考的是存在。我們將陳述正確的內在可能性，追溯到作為其「根據」的「讓存在」綻放的自由，我們指出的這個根據的本質開端就在遮蔽和迷誤之中。透過這一番工作，證明真理的本質並非某種「抽象的」、普遍性具有的、空洞的「一般之物」，而是那種獨有的歷史所具有的、自行遮蔽著的唯一東西。

將人向著綻放之生存解放出來的做法，對於歷史具有奠基作用。這種對人的解放在存在之思中達乎詞語；當然，詞語並非只是意見的「表達」，可以說，它向來已經是存在者整體真理的得到完好保存的構造。關於有多少人能聽見這個詞語，那是無關緊要的事。正是那些能聽者決定了人在歷史中的位置。而在哲學發端的同一個世界瞬間裡，也就開始了普通理智的鮮明突出的統治地位（智者派）。

普通理智要求可敞開的存在者具有無可置疑性，且將任何一種運思的追問說成對健全理智的攻擊。

然而，健全的、在其自己的範圍內十分正當的理智對哲學的批評卻並沒有切中哲學的本質，後者只有根據與作為存在者整體的存在者的原始真理的關聯才能得到規定。但由於真理的完全本質包含著非本質，且作為遮蔽而運作，因此，探究這種真理的哲學本身就是分裂性的。哲學思想乃是柔和的泰然任之，它並不拒絕存在者整體的遮蔽狀態。哲學思想並不衝破遮蔽，而是將它完好無損的本質逼入把握活動的敞開領域中，從而將它逼入其自我的真理之中。

在其讓存在——作為存在者整體而存在——的柔和的嚴格性和嚴格的柔和性中，哲學成為一種追問；這種追問並不一味持守於存在者，但也不允許任何外部強加的命令。康德在談到哲學時說：「這裡，我們看到哲學實際上被置於一個糟糕的立足點上了，它應該是牢固的，即使天上或地上都沒有它的立足之地。在此，哲學應當證明它的純正性，作為它的法則的自我維持者，而不是作為那個向哲學訴說某種移植過來的意義或者誰也不知道的監護本性的人的代言人……」

康德的言論引起了西方形而上學的最後一次轉向。在他對哲學本質的解說中，康德洞察到一個領域，依他的形而上學立場，他是在主體性中，也只有從這個主體性而來，才能把握這個領域，且一定要將它理解為它自身法則的自我維護者。即便如此，這一對哲學規定性的本質洞見已經足以推翻任何對哲學思想的貶損，其中最無助的一種貶損是聲稱：作為一種「文化」的「表達」和一個富有創造性的人類的裝飾品，哲學依然有其價值。

然而，哲學是否實現了它原初決定性的本質而成為「其法則的自我維護者」，或哲學是否由其法則向來所屬的東西的真理來維護本身並獲得支持，這取決於開端性，在這種開端性中，真理的原始本質對運思的追問而言是成為本質性的。

我們時下所報告的嘗試使真理本質的問題超越流俗的本質概念中習慣界定的範圍，且有助於我們去思索——真理本質的問題是否必定是本質真理的問題。但在「本質」這個概念中，哲學思考的是存在。我們將陳述正確的內在可能性追溯到作為其「根據」的「讓存在」的綻放的自由，同時我們指出這個根據的本質開端就在於遮蔽和迷誤中。透過這一番工作表現，真理的本質並非某種「抽象的」普遍性所具有的空洞的「一般之物」，而是那種獨有的歷史所具有的自行遮蔽著的唯一之物；這種獨有的歷史即被我們稱為存在而長期習慣於僅將它視為存在者整體來思考的那個東西的「意義」解蔽的歷史。

第三章　林中路

《林中路》是海德格重要著作之一，已被視為現代西方思想的一部經典作品，是進入海德格思想的必讀之作。本章彙集了作者一九三〇、一九四〇年代創作的幾篇重要文章，幾乎包含海德格後期思想的所有方面。這些文章初看起來難以統一。而這也可說是本書的一個特點，正如本書書名所標示的：《林中路》——林中多歧路，而殊途同歸。

世界圖像的時代

形而上學透過某種存在者闡釋和某種真理觀點，賦予了這個時代其本質形態的基礎，這個基礎完全支配著構成這個時代的特色的所有現象。反過來說，一種對這些現象的充分沉思，可以在這些現象中認識形而上學的基礎。可以說，形而上學建立了一個時代。沉思是一種勇氣，它勇於使自己前提的真理性和目標的領域成為最大的疑問。形而上學沉思存在者的本質決定了真理的本質。

現代的根本現象

關於現代的根本現象，海德格在本節中一一列舉並做了詳細闡述。主要包括五個部分：第一個現代現象是科學；第二個現代現象是機械技術；第三個現代現象是藝術；第四個現代現象是人類活動；第五個現代現象是棄神。

科學是現代的根本現象之一。就地位來說，同樣重要的現象是機械技術。但是，我們不能將機械技術誤解為現代數學自然科學的純粹實踐應用。機械技術自身就是一種獨立的實踐變換，只有這種變換才要求應用數學自然科學。機械技術是現代技術的本質，是時至今日最為顯眼的後代餘孽，而現代技術的本質與現代形而上學的本質相同。第三個現代現象在於：藝術成了體驗的對象，藝術因此被視為人類生命的表達。第四個現代現象在於：人類活動被視為文化來理解和貫徹。文化透過維護人類的至高財富來實現最高價值。文化本質上必然作為這種維護來照料自身，並因此成為文化政治。

現代的第五個現象乃是棄神。棄神並不是要徹底地消除神，也不是膚淺的無神論。所謂棄神是一個雙重過程。一方面，世界圖像基督教化了；另一方面，基督教將它的教義重新解釋為一種世界觀（基督教自身的世界觀），從而使之與現代相符。棄神是對上帝和眾神的無決斷狀態。基督教對這種無決斷狀態的引發起了最大的作用。但棄神並沒有消除宗教虔信。不如說，唯有透過棄神，與諸神的關係才轉化為宗教的體驗。一旦達到了這個地步，諸神也就逃遁了。由此產生的空虛被歷史學和心理學的神話研究所填補了。

哪種關於存在者的理解和關於真理的闡釋為上面這些現象奠定了基礎？

我們將眼光放到第一個現象——即科學上。

現代科學的本質何在？

哪種關於存在者和真理的觀點為現代科學的本質建立了基礎？假如我們成功探得了為現代科學建基的形而上學基礎，就必然可以從這個形而上學的基礎出發，以認識現代的本質。

今天我們所使用的科學一詞，其意思與中世紀的學說和科學是有區別的，與古希臘的知識也截然不同。因此，那種認為現代科學比古代科學更為精確的看法是毫無意義的。我們要想理解現代科學的本質，就必須先拋棄一種習慣，這種習慣按照進步的觀點，僅在程度上將較新的科學與較老的科學區別開來。

今天被我們稱為科學的東西的本質乃是研究，而研究的本質又在哪呢？

研究的本質在於：認識將自身建立為在某個存在者領域（自然或歷史）中的程序。「程序」在這裡不單指方法和程序；因為任何程序事先都需要一個讓它得以活動的敞開區域。而對這樣一個區域的開啟，正是研究的基本過程。由於在某個存在者領域中——比如自然中，自然事件的某種基本輪廓被籌劃出來了，研究的基本過程也就完成了。籌劃預先描摹出，認識的程序必須維繫於被開啟的區域。這種維繫乃是研究的嚴格性。憑藉對基本輪廓的籌劃和對嚴格性的規定，程序就在存在領域內為自己確保了對象區域。透過一番最早的、決定性的現代科學的考察，可以弄清楚這裡的意思。就現代原子物理學也還是物理學而言，我們在這裡唯一關心的本質因素是適合於原子物理學的。

現代物理學被叫做數學的物理學。一般來說，物理學是關於自然的知識；特殊而論，物理學是關於運動中的物體的知識，因為物體直接地和普遍地——顯示在所有自然因素中。假如說現在物理學明確地構成一種數學的物理學，那就意味著：透過物理學且為了物理學，以一種強調的方式，預先就構成了某種已經知道的東西。這種構成是對某種東西的籌劃，這種東西日後必將成為對所尋求的自然知識而言的自然，即具有時空關係的質點的自成一體的運動關聯。在這種被假定為確定無疑的自然基本輪廓中，還隱含著下述規定性：運動即位置變化。沒有一種運動和運動方向優先於其他運動和運動方向。任何位置都是相同的。沒有一個時間點優先於其他時間點。在這一關於自然的基本輪廓中，一切事件都必將被看透。只有在這種基本輪廓的視界內，自然事件才能變得清晰可見。這種自然籌劃包含著它的可靠性。

數學的自然科學的嚴格性是其精確性。但是，數學的自然研究之所以精確，倒不是因為它準確地計算，而是因為它必須這樣計劃，原因是，它對它對象區域的維繫具有精確性的特性。與此相反，一切精神科學，恰是為了保持嚴格性才必然成為非精確的科學。雖然我們也能將生命理解為一種空間——時間上的運動量，但如此一來，我們就不是在把握生命了。

歷史學精神科學的非精確性並不是缺憾，而純粹是對一種對於這種研究方式而言本質性要求的實行。毋庸質疑，對歷史學科學對象區域的籌劃和保證，也不僅僅具有另一種方式，而是在實施對比貫徹精確科學的嚴格性要困難得多。

透過對這種在程序的嚴格性中籌劃的保證，科學成了研究。但籌劃和嚴格性只有在方法中才展開為它們所是的東西。這種方法代表著對研究來說本質性的第二個特性。倘若被籌劃的區域將成為對象性的，那就需要我們在其縱橫交織的整個對樣性中去遭遇它，與之會面。

所以，程序必須為照面者的多變性備下自由的眼光。只有在變化過程中始終不同的視界內才能顯示出特殊性，亦即事實的全部豐富性。但事實必須成為對象性的。所以程序必須在其變化中將變化之物表象、展示出來，同時依然讓其運動成為一種運動。事實的恆定因素以及事實的變化本身的持續性就是「法則」。在其過程必然性中的變化的持續因素即「規律」。只有在法則和規律的視界內，事實才作為它們本身所是的事實而成為清晰的。

自然領域中的事實研究本身就是對法則和規律的建立和證明，以此將一個對象區域表象出來的方法，具有基於清晰之物的澄清的特性。這種澄清始終是兩方面的。它透過一個已知之物建立一個未知之物，同時又透過未知之物來證明已知之物。澄清在探究中實行。這種探究在自然科學中按各不相同的探究領域和探究目的，透過實驗來進行。但自然科學並非如此，相反，只有在自然知識已經轉換為研究的地方，實驗才是可能的。但是，由於中世紀的學說和古希臘的知識都不是研究意義上的科學，因此在那裡並沒有出現實驗。實驗始終與作為研究科學的內涵、研究實驗有著本質差異，即便古代和中世紀的觀察是用數字和尺度來工作的，情形也是如此，即便這種觀察藉助於某些裝置和器具，情形也還是如此。

因為在中世紀那時普遍缺失實驗的決定性因素。實驗開始於對規律的奠基。進行一項實驗意味著：表象出一種條件，根據這種條件，在其過程的必然性中的某種運動關係才能成為可追蹤的。但規律的確立卻要根據對象區域的基本輪廓來進行。這種基本輪廓給出尺度，且制約著對條件的先行表象。這種表象絕不是任意的虛構。因此，牛頓說：「奠基工作並非任意杜撰。奠基工作乃根據自然基本輪廓來展開並從中得以勾勒。」

實驗是一種方法，這種方法在其實驗裝置和實施過程中已經獲得奠基的支持和指導，從而得出證實規律或者拒絕證實規律的事實。自然的基本輪廓籌劃得越精確，實驗的可能性就會越精確。所以，經院哲學家羅傑．培根絕不可能成為現代實驗科學的先驅，他始終只是亞里斯多德的繼承者。

如果說羅傑．培根要求實驗，那他所指的並不是作為研究科學的實驗，而是要求用根據事物的判斷來代替根據詞語的判斷，要求用對事物本身的悉心觀察——即亞里斯多德的經驗——來代替對學說的探討。

但是，現代的研究實驗不單是一種在程度上和規模上更為準確的觀察，而是在一種精確的自然籌劃範圍和職能內本質完全不同的規律證明的方法。在歷史學精神科學中與自然研究中的實驗大多是史料批判。「史料批判」這個稱謂在這裡代表著整個史料發掘、整理、證實、評價、保存和闡釋等工作。儘管以史料批判為根據的歷史學說明並沒有將事實歸結為規律和法則。但它也沒有侷限於一種對事實的單純報導。在歷史學科學中和在自然科學中一樣，方法的目標是將持存因素表象出來，使歷史成為對象。但歷史只有在它已經過去時才可能是對象性的。過去之物中的持存因素、已經在那裡的東西是可比較的東西。在對所有事物的不斷比較過程中，人類清算出明白易解的東西，並將它當作歷史的基本輪廓而證實和固定。

歷史學說明只能做到這一點，這是歷史學研究所能觸及的區域。歷史中偉大的東西從來都不是不言自明的、不可說明的。歷史學研究並沒有否認歷史中的偉大之物，而是將它說明為例外。在這種說明中，偉大之物以慣常和平均之物為衡量尺度。

任何一門科學作為研究都以對一種限定對象區域的籌劃為根據，所以必須是具體科學，但任何一門具體科學都必然在籌劃的展開過程中，透過它們的方法而專門化為特定的探究領域。不過，這種專門化卻絕非僅是研究結果日益成長後不可忽視的、令人難堪的衍生現象。它是作為研究的科學的本質必然性。專門化並非結果，而是一切研究進步的基礎。研究並非任意的探究，因為現代科學被企業活動所規定。

「企業活動」

海德格認為，科學越是具體到對其工作進程的完全推動和控制上，這種企業活動越是明確地轉移到專門化的研究機構和專業學校，則科學也越無可抵抗地獲得對它們現代本質的完成。海德格亦指出，科學和研究者越是無條件地對待它們本質的現代形態，則它們就能更明確、更直接地為公共利益付出，同時，它們也能更毫無保留地將自己放回到任何有益於社會的工作和公共的平淡無奇之中。

關於「企業活動」，人們首先會將它理解為一門科學。無論這是一門精神科學還是一門自然科學，只要它能成為進行學院研究的科學，它就能獲得一門科學的真正外貌。但是，研究不是企業活動，很簡單，研究工作是在研究所裡進行的。

在企業活動中，對對象區域的籌劃首先被設置入存在者中。多種方法相互促進對結果的檢驗和傳達，且調節著勞動力的交換。使一種對各種方法有計畫的聯合變得容易的所有設置——作為措施——絕不僅是研究工作擴展和分叉的外在結果。不如說，研究工作成了一個遠道而來，還沒有得到理解的代表，代表著現代科學開始進入歷史的決定性階段。現在，現代科學才開始獲得自己的圓滿本質。

在科學研究所的擴展和固定化中發生了什麼呢？保障了方法對於在研究中成為對象的存在者的優先地位。根據它的企業活動特性，科學為自己創造了與它們相合的共屬一體關係和統一性。因此，一種以研究所方式活動的歷史學或考古學的研究，本質上比自己的還處於單純博學中的精神科學院系裡的學科，更接近於相應地建立起來的物理學研究。因此，科學的現代企業活動特性的決定性展開也造就了另一類人。學者被不斷從事研究活動的研究者取而代之。是研究活動給他的工作注入了新鮮空氣。

研究者必然自發地湧向根本意義上的技術人員的本質形態範圍中。只有如此，他才能保持活動能力，才能在其時代意義上確實地存在，不至於落伍。此外，還有某些時間和某些地方，能夠保持著變得越來越淡薄和空洞的學究和學院的羅曼蒂克。但是，學院有效的統一特性以及學院的現實性，卻不在於科學的原始統一過程所具有的某種精神力量，這種精神力量發源於學院，且在學院中得到保存。學院實際上是一個設置；由於管理上採用了封閉手段，它使得諸科學力求分開而進入專門化和企業活動的特殊統一性的過程成為可能，並表現出來。

科學的現實體系在於一種有關存在者對象化的程序和態度的並存一致性，這種一致性總是根據計畫而被適當安排好了。這一體系所要求的優先地位並非對象領域某些虛構、僵化的內容上的關係統一性，而是最大可能的自由卻被控制的可變性。科學越是唯一地具體到對其工作進程的完全推動和控制上，這種企業活動越是明確地轉移到專門化的研究機構和專業學校那裡，則科學也越是無可抵抗地獲得了對它們現代本質的完成。然而，科學和研究者越是無條件地對待它們本質的現代形態，則它們就能更明確、更直接地為公共利益將自己提供出來，而同時，它們也能更毫無保留地將自己置回任何有益於社會工作的公共的平淡無奇之中。

現代科學在對特定對象領域的籌劃中建立自身，同時也使自身與眾不同。這種籌劃在相應的、受嚴格性保證的方法中展開自身。籌劃與嚴格性，方法與企業活動，它們相互需要、構成了現代科學的本質，使現代科學成為研究。

我們探索現代科學的本質，目的是想從中認識現代科學的形而上學基礎。哪種關於存在者的觀點和哪種關於真理的概念為科學成為研究奠定了基礎呢？

作為研究，認識對存在者做出解釋，說明存在者在怎樣和在什麼程度上能夠為表象所支配。當研究或者預先計算存在者的未來過程，或者在事後能計算過去的存在者時，研究就支配著存在者。可以說，在預先計算中，自然受到了擺置，在歷史學的事後計算中，歷史受到了擺置。自然和歷史便成了說明性表象的對象。這種說明性表象計算著自然，估算著歷史。只有成為對象，成為對象的東西，才會被視為存在著。只有當存在者的存在在這種對象性中被尋求的時候，才出現了作為研究的科學。

這種對存在者的對象化實現於一種表象，這種表象的目標就是將每個存在者帶到自身面前來，從而使得計算的人能夠對存在者感到確實，即確定。當真理已經轉變為表象的確定性之際，我們才達到了作為研究的科學。最先是在笛卡兒的形而上學中，存在者被規定為表象的對象性，真理被規定為表象的確定性了。整個現代形而上學，包括尼采的形而上學，始終保持在由笛卡兒所開創的存在者闡釋和真理闡釋的道路上。

在這裡，倘若說作為研究的科學是現代的一個本質性現象，那構成研究的形而上學基礎的東西，必然先從根本上規定現代的本質。我們可以看到，現代的本質在於：人透過向自身解放自己以此擺脫中世紀的束縛。但這種描繪還是很膚淺。它導致了一些謬誤，正是這些謬誤阻礙我們把握現代的本質基礎並由此出發測度其本質的範圍。毫無疑問，隨著人解放，現代出現了主觀主義和個人主義。同樣毋庸置疑的是，在現代之前，沒有一個時代創造了一種可比較的客觀主義；此前，也沒有哪一個時代，有非個人因素以集體的形態在其中發揮作用。在這裡，本質性的東西乃是主觀主義和客觀主義之間必然的交互作用。

決定性的事情並非人擺脫先前的約束而成為自己，而是在人成為主體之際，人的本質發生了根本變化。如果人成為第一性的和真正的一般主體，那就意味著：人成為存在者本身的關係中心。但是，只有當存在者整體的理解發生變化之際，這樣的事情才有可能。這種變化從哪裡顯示出來？依照這種變化，現代的本質又指什麼？這個問題有待下一節探討。

現代的本質

海德格認為，思考現代的本質，便是在追問現代的世界圖像。現代的本質也隨海德格對世界圖像的深入探討而清晰起來。「現代的世界圖像」與「現代世界圖像」這兩種說法講的是同一件事，它們假定了某種從前不可能有的東西，亦即一個中世紀的世界圖像和一個古代的世界圖像。世界圖像並非從中世紀的世界圖像演變而來。可以說，世界成為圖像基本上代表了現代的本質。

假使我們思考現代，我們便是在追問現代的世界圖像。透過與中世紀和古代的世界圖像相比較，我們便會描繪出現代的世界圖像。但是為什麼在闡釋一個歷史性時代的時候，我們要追問世界圖像呢？緊接而來的問題是，什麼是世界圖像？

什麼是世界圖像？很顯然，是關於世界的一個圖像。但什麼又是世界呢？所謂圖像又是指什麼？世界在這裡是表示存在者整體的名稱。此外，在世界這一名稱中還含有世界根據的意思，不論世界根據和世界的關係被如何思考。

談到圖像一詞，我們最先想到的就是關於某物的畫像。因此，世界圖像大約是關於存在者整體的一幅圖畫。但事實上，世界圖像有更多意思。我們用世界圖像一詞意指世界本身，即存在者整體。圖像在此並非指某個摹本，而是意指我們在「我們對某物瞭若指掌」

這句話中可以聽出來的東西。這個習語要說的是：事情本身就像它為我們所了解的情形那樣站立在我們面前。「去了解某物」意味著：將存在者本身如其所處情形那樣擺在自身面前來，並持久地在自身面前具有如此被擺置的存在者。但是，關於圖像的本質，到現在還沒有一個決定性的規定。「我們對某事瞭若指掌」不僅意味著存在者從根本上被擺到我們面前，還意味著存在者作為一個系統站立在我們面前。

「在圖像中」，這個短語包含有「了解某事、準備某事」等意思。在世界成為圖像之處，存在者整體被確定為那種東西，人對這種東西作了準備，相應地，人也將這種東西帶到自身面前，並在自身面前擁有這種東西，從而在一種決定性意義上將它擺到自身面前。因此，從本質上看，世界圖像並非單純指一幅關於世界的圖像，而是指世界被把握為圖像了。此時，存在者整體便以下述方式被看待，即：唯就存在者被具有表象和製造作用的人擺置而言，存在者才存在著。在出現世界圖像的地方，實現著一種關於存在者整體的本質性決斷。存在者的存在是在存在者被表象的狀態中被尋求和發現的。

然而，倘若存在者沒有在上述意義得到解釋，世界也就不能進入圖像中，不可能有世界圖像。存在者在被表象狀態中成為存在的，這一事實使存在者進入其中的時代，成為與前面的時代有所不同的一個新時代。「現代的世界圖像」與「現代世界圖像」這兩個說法講的是一件事，它們假定了某種之前絕不可能出現的東西，亦即一個中世紀的世界圖像和一個古代的世界圖像。世界圖像並非從中世紀的世界圖像演變而來。可以說，根本上世界成為圖像，這件事代表著現代的本質。相反，對於中世紀而言，存在者乃是受造物。那時存在者存在意味著：歸屬於造物序列的某個特定等級，且作為這種造物符合於創造因。但在此處，存在者的存在從來就不在於：存在者作為對象被帶到人面前，存在者被擺置到人的決定和支配領域之中，唯有這樣才能成為存在的。

存在者乃是現者和自行開啟者，它作為在場者遭遇到作為在場者的人。存在者並非透過人對存在者的直觀才成為存在的。人是被存在者所直觀的東西，是被開啟者向著在場而在它那裡聚集起來的東西。被存在者所直觀，被牽引入存在者的敞開領域中並且被扣留其中，從而被這種敞開領域所包涵，被推入其對立面之中並且由其分裂標識出來——這就是在偉大的希臘時代中的人的本質。因此，為了完成他的本質，希臘人必須將自行開啟者聚集和拯救入它的敞開性之中，將自行開啟者接納和保存於它的敞開性之中，且始終遭受所有自身分裂的混亂。希臘人作為存在者的覺知者而存在，因為在希臘，世界不可能成為圖像。但在柏拉圖那裡，存在者的存在狀態被規定為外觀，這乃是世界必然成為圖像這件事的前提條件；這個前提條件早早地預先呈報出來，間接地在遮蔽領域中起著決定作用。

與希臘的覺知不同，現代的表象意指完全不同的東西。這種表象的意思是：將現存之物當作某種對立之物帶到自身面前，使之關聯於自身，且將它強行納入這種與作為決定性領域的自身關聯之中。何處有這種事情發生，世人就在何處了解存在者。正因為人了解了存在者，人才會開始炫耀他自己，亦即進入普遍地和公開地被表象東西的敞開區域之中。憑此，人將自身設置為一個場景，在其中，存在者必然擺出自身，必然呈現自身，也就必然成為圖像。於是，人成為對象意義上的存在者的表象者。

這一過程的新穎處倒不在於：人在存在者中間的地位完全不同於中世紀和古代人。決定性的事情乃是，人本身特別地將這一地位採取為由他自己所構成的地位，人有意識地將這種地位當作被他採取的地位來遵守，且將這種地位確保為人性的一種可能發揮的基礎。從根本上說，只有現在才有諸如人的地位之類的東西。人將他必須如何對作為對象的存在者採取立場的方式歸結於自身。於是開始了那種人的存在方式，這種方式占據著人類能力的領域，將這個領域當作一個尺度區域和實行區域，目的是為了能夠支配存在者整體。現在再回過頭來看，由這件事情所決定的時代不僅僅是一個區別於以往時代的新時代。可以說，這個時代設立它自身，特別地將自己設立為新的時代。這是已經成為圖像的世界所固有的特點。

因此，倘若我們將世界的圖像特性解說為存在者的被表象狀態，那麼為充分把握被表象狀態的現代本質，我們必須探尋出「表象」這個已被濫用的詞語和概念的原始命名力量，即是：擺置到自身面前和向著自身而擺置。由此，存在者才作為對象達乎持存，從而獲得存在的鏡像。世界的成為圖像，與人在存在者範圍內成為主體是同一過程。

只因為人從根本上和本質上成為了主體，且僅僅就此在而言，對人而言必然會出現這樣的問題：人是作為侷限於他的任性和放縱於他的專橫的「自我」，還是作為社會的「我們」；是作為個人還是作為社會；是作為社會中的個體，還是作為社團中的單純成員；是作為國家、民族和人民，還是作為現代人的普遍人性——人才願意且必須成為他作為現代人的本質已經存在的主體？只有當人在本質上已經是主體，人才有可能落入個人主義意義上的主觀主義的畸形本質之中。但是，也只有在人保持為主體之際，反對個人主義和主張社會是一切勞作和利益的目標領域的明確爭鬥才會有某種意義。

現代的進程

海德格認為，對現代的本質具有決定性意義的兩大進程是：世界成為圖像和人成為主體。這兩大進程的相互交叉，照亮了初看起來有些荒謬的現代歷史的基本進程。現代的基本進程乃是對作為世界圖像的征服過程。

世界成為圖像和人成為主體是對現代的本質具有決定性意義的兩大進程。這兩大進程的相互交叉，照亮了初看起來有些荒謬的現代歷史的基本進程。也就是說，對世界作為被征服的世界的支配越是廣泛和深入，客體的顯現就越客觀，主體也就越主觀地顯現出來，世界觀和世界學說也就越毫無保留地變成了一種關於人的學說——人類學。毋庸置疑，只有在世界成為圖像之際才出現人道主義。在此，人類學這個名稱並不是指某種關於人的自然科學研究，也不是指在基督教神學中被確定下來的關於受造的、墮落的和被拯救的人的學說。它代表著那種對人的哲學解釋，這種哲學解釋從人出發並且以人為歸趨來說明和評估存在者整體。

世界解釋越來越深入人類學之中，這一過程始於十八世紀末，它在下述事實中獲得了表達：人對存在者整體的基本態度被規定為世界觀。從此，「世界觀」這個詞進入了語言用法中。一旦世界成為一種圖像，人的地位就被把握為一種世界觀。無法否認，「世界觀」一詞也會帶來誤解，即這裡的事情僅僅只關係到一種對世界懈怠的考察。不過，「世界觀」一詞依然保持自身為表示人在存在者中間地位的稱謂，這種情形證明，一旦人已經將他的生命當作主體，帶到關係中心的優先地位上，世界如何決定性的成了圖像。這就意味著：單獨就存在者被包含和吸入這種生命之中來說，存在者才會被看作存在的。

現代的基本進程乃是對作為世界圖像的征服過程。在此，「圖像」一詞意味著：表象著的製造的構圖。在這種製造中，人為一種地位而努力，爭取他能在其中成為那種給予一切存在者尺度和準繩的存在者。因為這種追求的地位能確保、組建和表達自身為世界觀，因此，現代的與存在者的關係在其決定性的展開過程中成為各種世界觀的爭辯，而且並非是任意世界觀的爭辯，只是那些世界觀的爭辯——這些世界觀已經占據了具有最終堅決態度的人的極端基本立場。為了這種關於世界觀的爭鬥，且按照這種爭鬥的意義，人施行其對一切事物的計算、計畫和培育的無限制的暴力。研究的科學是一種在世界中的自行設立的不可缺少的形式，是現代在其中飛速地達到其本質完成的道路之一。伴隨著這一關於世界觀的爭鬥，現代才進入了歷史的最關鍵的和最能持久的階段。

這一進程的一個代表是，龐然大物到處且以多種形態和姿勢顯露出來。此時，龐然大物同時也在越來越細微的方向上呈現出來。龐然大物在某種形式中突現出來，而這種形式表面上看恰恰是使龐然大物消失。不過，如果我們簡單得認為，龐然大物只是純粹數量無限延伸的空虛，那我們思考的就太膚淺了。如果我們發現，以持續地尚未曾在之物為形態的龐然大物僅僅起源於某種誇張和過火行為的盲目欲望，那我們也看得太短淺了。假如我們僅憑「美國主義」這個口號就認為已經說明了這種龐然大物的現象，那只能說明我們對此根本就沒有認真思考過。

倒不如說，龐然大物是一樣東西，透過這樣東西，量變成某種特有的質，從而成為某種突出的大。每個歷史性的時代不僅與其他時代相比有不同的大；它也總是具有自身獨一無二的大的概念。一旦在計畫、計算、設立和保證過程中的龐然大物從量突變為某種特有的質，龐然大物和外表看來總是完全能得到計算的東西，恰恰就會成了不可計算的東西。後者始終是一道不可見的陰影；當人成為主題、世界成為圖像的時候，這種陰影總是籠罩著萬物。

透過這種陰影，現代世界將自身置入了一個避開表象的空間中，並以其特有的規定性和歷史的獨一性賦予不可計算之物。但是，這種陰影卻指示著一個拒絕為我們今人所知的其他東西。不過，只要人在對時代的一味否定中遊蕩，他就絕不能去經歷和思考這種拒絕讓人知道的東西。那些出於低三下四和驕傲自大的混雜而向傳統的逃遁本身並不能帶來什麼東西，無非是對歷史性瞬間視而不見和蒙昧無知罷了。

只有在創造性的追問和那種出自真正的沉思力量的構形中，人才會知道那種不可計算之物，才會將它保存於其真理之中。真正的沉思將未來的人投入那個「區間」中，在其中，人歸屬於存在，卻又在存在者中保持為一個異鄉人。

尼采的話「上帝已死」

下面的解釋試圖說明，或許有一日，我們能提出虛無主義的本質問題。此解釋起源於一種思想，這種思想要在西方形而上學歷史的範圍內對尼采所持的立場作一番梳理。這一番工作將揭示西方形而上學的一個階段，它或許是形而上學的最終階段。因為就形而上學透過尼采而在某種程度上喪失了它自己本質的可能性來說，我們不再能夠看到形而上學的其他可能性了。

形而上學由於尼采所完成的顛倒，倒轉為它的對立面的本質了。超感性領域成了感性領域的一種不可靠的產品。而伴隨著這種對它的對立面的貶低，感性領域卻背棄了自己的本質。對超感性領域的廢黜同樣也消除了純粹感性領域，進而消除了感性與超感性的區分。這種廢黜超感性領域的行為終止於一種感性與非感性之區分相關聯的「既非——又非」。這種廢黜終止於無意義狀態。不過，它自始是那些透過單純地賦予意義來逃避無意義狀態的令人迷惑的嘗試的前提，而這個前提未經思考且無法克服。

質樸的沉思

這裡所要探討的沉思，海德格認為，關鍵是要期待一個質樸無華的思想步驟。這種期待性的思想的要旨在揭示運作空間，在這個空間內，存在本身能夠在人的本質方面將人重新納入一種原始的關聯。期待便是這種思想的本質。

對形而上學，我們一律將它理解為存在者之為存在者整體的真理，而非將它看作某位思想家的學說。在形而上學中，每個思想家總有其自身最基本的哲學立場。因此，我們可以用他的名字來稱呼某種形而上學。但是，根據我們這裡所思考的形而上學的本質來看，這絕不意味著，各種形而上學都是那位作為文化創造活動公共範圍內的傑出思想家的成果和財富。

在形而上學的每一個階段，總是會顯示出一條道路的某一段，而這條道路乃是存在命運在關於存在者真理的險峻時期為自己開闢出來的。尼采以形而上學的方式解說了西方歷史的進程，且將這種進程解釋為虛無主義的興起和展開。對尼采形而上學的深入思考成了一種對現代人處境和位置的沉思，現代人的命運很少就其真理方面被經驗到。但任何這種方式的沉思，假如不是空洞的人云亦云的話，都超出了所要沉思的東西。我們沉思尼采的形而上學，並不等於我們現在除了考慮他的倫理學、知識論和美學之外，要首先考慮他的形而上學；而是我們試圖將尼采當作一個思想家來對待。而思想對尼采來說即是：將存在者作為存在者表象出來。一切形而上學的思想都是存在論。或者，它壓根什麼都不是。

就這裡所要探討的沉思而言，關鍵的是期待一個質樸無華的思想步驟。這種期待性思想的要旨在於揭示那個運作空間，在這個空間內，存在本身能夠在人的本質方面將人重新納入一種原始的關聯之中。期待乃是這種思想的本質。

這種本質性的、期待性的思想毫不顯眼地運行著。在這裡，任何一種共思，不管它表現得多麼笨拙和具有試探性，都是一種根本性的幫助。共思成了一種不起眼的、無法透過作用和效果來加以證實的播種，由它播下的種子也許從來看不到禾苗和果實，從來不知道收穫。這些種子被用於播種，確切地說，是被用於對播種的期待。

播種之前要開墾土地，就是要開墾出那片田野，那片由於形而上學的土地的無可迴避的統治地位而必然保持在未知之中的田野。現在，當務之急是要猜測這片田野在何處，進而找到這片田野，最後進行開墾。其中最要緊的是向這片田野作一種初步的行進。尚屬未知的田間小路有許多條。但對每個思想家來說，他的道路往往只有一條：思想家總是一再地在他選定的這條道路上來回行走，目的是將這條道路當作他的道路來遵循，且將自己在這條道路上獲得的經驗說出來。

期待性的思想及其實行包含著一種在諸科學中間的思想方面的教育。對此，為難的是很難找到一種適當的形式，以便這種在思想方面的教育不陷入一種與研究和學究的混淆。這一意圖依舊岌岌可危，尤其當思想同時不得不先去尋找自己的棲息之地時。在諸科學中間運思，這意味著：與諸科學擦肩而過，而沒有鄙視諸科學。

期待性的思想必然保持在歷史性沉思的領域中，對這種思想而言，歷史並非時代的序列，而是那個同一者的獨一無二的貼切，這個同一者以命運無法估量的方式和變化多端的直接性關聯著思想。

現在，我們要探討的是尼采的形而上學。尼采的思想自以為以虛無主義為代表。「虛無主義」這個稱謂表示的是一個尼采所認識的、已經貫穿此前幾個世紀並規定著現在這個世紀的歷史性運動。尼采對虛無主義的解釋用一句話進行概括便是：「上帝已死！」

在我們嘗試來思考「上帝已死」這句話的本意時，我們最好排除在面對這樣一句話時很快會如雨後春筍般冒出的一切倉促意見。

接下來我們將試圖就某些本質性方面來闡釋尼采的這句話。我們要從沉思中接受教導，且藉助這種教導來沉思自己。

「上帝已死」

海德格認為，尼采所說的「上帝已死」中的「上帝」指的是「基督教的上帝」。所以他告訴我們，首先要思考在尼采的思想中，「上帝」和「基督教的上帝」這兩個名稱根本上被用來表示超感性世界。

尼采關於「上帝已死」話語中的「上帝」指的是「基督教的上帝」。因此，我們首先要思考的是，在尼采的思想中，「上帝」和「基督教的上帝」這兩個名稱從根本上被用來表示超感性世界。上帝是表示理念和理想領域的名稱。自從希臘晚期和基督教對柏拉圖哲學的解釋以來，這一超感性領域被當作真實的和真正現實的世界了。與之不同的是，感性世界只不過是塵世的、易變的，因而是完全表面的、現實的世界。塵世的世界是苦海，不同於彼岸世界的永恆極樂的天國。倘若我們將感性世界稱為廣泛意義上的物理世界，超感性世界便是形而上學的世界了。

「上帝已死」這句話意味著：超感性世界沒有任何生命力，沒有作用了。形而上學終結了，對尼采而言，即被理解為柏拉圖主義的西方哲學終結了。尼采將自己的哲學看作是對形而上學的反動，對他來說，同時是對柏拉圖主義的反動。

然而，作為單純的反動，尼采的哲學必然與所有「反……」一樣，還拘束於它所反對的東西的本質之中。作為對形而上學的單純顛倒，尼采對於形而上學的反動絕望地陷入形而上學中了，而且情況是這樣，這種形而上學實際上並沒有自絕於它的本質，且作為形而上學，它從來就不能思考自己的本質。因此，對形而上學來說，在形而上學中，作為形而上學本身而真正發生的事情始終被遮蔽著。

倘若作為超感性的根據和一切現實目標的上帝已死，倘若超感性的觀念世界失去了它的約束力，尤其是它的激發力和建構力，那就再沒有什麼東西是人能夠遵循和可以當作指南的了。尼采曾提出這樣的置疑：「當我們透過無際的虛無時不會迷失嗎？」「上帝已死」

這句話便包含著這樣的斷言：這種虛無展開自身。「虛無」在此意味著：一個超感性的、約束性的世界的不在場。

我們試圖闡釋尼采的話：「上帝已死」，其實也就是試圖闡釋尼采所理解的虛無主義，從而表現尼采自己是如何對待虛無主義的。但是，由於「虛無主義」這個名稱往往只被人類當作流行術語來使用，也常被當作譴責性的、罵人的詞來使用，因此，我們有必要了解一下它的意思。一個人皈依於基督教信仰和別的形而上學信仰，並不表示他因此就在虛無主義之外了。反過來說，也並不是每一個思考虛無及其本質的人都是虛無主義者。

虛無主義

尼采對「虛無主義」的解釋是：「最高價值的自行廢黜」。他將虛無主義理解為一個歷史的過程，將這一過程解釋為對以往的最高價值的廢黜。而在海德格看來，「虛無主義」這個稱謂有著多種涵義，極端地看來，這個稱謂首先是兩義的。因為，它一方面是指以往的最高價值的單純廢黜，另一方面又是指對這種廢黜過程的絕對反動。海德格透過對尼采所說的「虛無主義」的探討，為我們揭示了現代虛無主義的概念。

尼采對「虛無主義」的解釋是：「最高價值的自行廢黜」。此外，尼采這個解釋還有一個說明性的附注：「沒有目的；沒有『為何之故』的答案。」

由此看來，尼采是將虛無主義理解為一個歷史的過程。他將這一過程解釋為對以往的最高價值的廢黜。

上帝、超感性世界、理想和理念、決定並包含著一切存在者的目標和根據，這一切在此都在最高價值的意義上被表象。根據那種流傳至今的意見，人類所理解的最高價值就是真、善、美。真，指的是現實存在者；善，是指普遍地決定一切的東西；美，就是存在者整體的秩序和統一性。但是，現在由於出現了這樣的洞識，即理想世界絕不能在實在世界內實現，於是，那些最高價值就已然自行廢黜了。由此產生了這樣一個問題：假如最高價值不能同時為那些在它們之中被設定起來的目標的實現提供保證、途徑和手段，那這些最高價值又有什麼用？

但是，如果我們僅想透過字面意義來理解尼采對虛無主義的本質的規定——即虛無主義就是最高價值的失落，就會得出那種關於虛無主義的本質的觀點，這種觀點認為，最高價值的廢黜意味著一種墮落。可是對尼采而言，虛無主義絕不只是一種墮落現象。可以這樣說，虛無主義作為西方歷史的基本過程，同時也是西方歷史的法則。因此，即便是在他對虛無主義的考察中，尼采也很少重視對最高價值的廢黜過程做歷史學上的描述，且最後從中得出西方沒落的結論；尼采倒是把虛無主義當作西方歷史的「內在邏輯」來思考。

同時，尼采也意識到，隨著以往的最高價值的廢黜，對世界而言也就只剩下世界本身了，首先，這個變得毫無價值的世界不可避免地力求一種新的價值設定。在以往的最高價值失效之後，這重新的價值設定在以往的價值方面來看就轉變為一種「對一切價值的重估」。對以往價值的否定來自對於新的價值設定的肯定。因為以尼采的看法，在這種肯定中不存在任何與以往價值的調解和平衡，因此，這種對新價值設定的肯定包含著絕對的否定。為確立作為一種反動的新價值設定，尼采也將新價值設定稱為虛無主義，透過它，最高價值的廢黜才得以完成，而成為一種新的和唯一起決定作用的價值設定。尼采將虛無主義的這一決定性階段稱為「完成的」虛無主義。尼采所理解的虛無主義就是以往最高價值的廢黜。但是，尼采同時也對「對以往一切價值的重估」意義上的虛無主義採取了肯定的態度。

所以說，「虛無主義」這個稱謂有著多種涵義，極端地看來，這個稱謂首先是兩義的。因為，它一方面是指以往的最高價值的單純廢黜，另一方面又是指對這種廢黜過程的絕對反動。這種意義上的兩義即被尼采引為虛無主義和先行形式的悲觀主義。在尼采看來，這種悲觀主義是「弱者的悲觀主義」。它往往只看到了陰暗的東西，為一切找到一個失敗的根據，且要求知道普遍苦難意義上的一切是如何發生的。與此不同的是，強者的和作為強者的悲觀主義並不自欺欺人，它察覺到了危險，但不想作任何掩蓋，它洞穿了那種對於以往失去的東西的回歸的一味期望的不妙之處。它深入分析現象，要求人類領悟那些保證能控制歷史性狀況的條件和力量。

一種更為本質性的沉思表示，在尼采所謂的「強者的悲觀主義」中，現代人如何完成一種暴動，從而進入到在存在者的主題性範圍內的主觀性的絕對統治之中。透過這種具有雙重形式的悲觀主義，各種極端便顯露了出來。由於極端擁有優勢，因此，出現了導致「或此或彼」的選擇的絕對尖銳化狀態。

鑑於以往價值的動搖，人類還可以作另一種嘗試。就是說，倘若基督教上帝意義上的神已經從它在超感性世界的位置那裡消失了。這個位置本身總還是保留著的，儘管已經是一個空位了。人類依然可以緊緊抓住超感性世界和理想世界的這個已經空出來的位置領域。這個空出的位置甚至要求人類重新占領它，用別的東西替代從那裡消失的上帝。新的理想被建立起來。在尼采看來，這是透過世界幸福說和社會主義而發生的事情，同時也是在華格納的音樂中發生的事情。於是出現了「不完全的虛無主義」。對此，尼采說：「不完全的虛無主義，它的種種形式：我們生活於其中。不去重估以往的價值，而試圖逃避虛無主義：這種努力會適得其反，使問題加劇。」

對不完全的虛無主義，我們可以這樣來說：不完全的虛無主義雖然用其他價值代替了以往的價值，但它始終還是將他們置於那個古老的位置上，後者似乎是作為超感性的理想領域而被保留的。但是，不完全的虛無主義還必須清除價值位置本身，從而以不同的方式來設定和重估價值。

由此可見，完全的、完成的、經典的虛無主義雖然包含著「對一切以往價值的重估」，但這種重估並不單純是以新的價值來替代舊的價值。價值重估成了對價值評價的特性和方式的顛倒。價值設定需要一個新的原則，即需要某種東西作為它的出發點和立身之地。價值設定需要另一個領域。其原則不再是已經失去生命的超感性世界。因此，以被理解的重估為目標的虛無主義將去尋求最有生命力的東西。於是，虛無主義本身成了「最充沛的生命理想」。

對虛無主義的揭示表示：根據尼采的闡釋，虛無主義不外乎是這種歷史，其中關鍵的問題是價值、價值的確立、價值的廢黜、價值的重估、價值的重新設定。最後且從根本上看，是對一切價值設定的原則所作的不同的評價性設定。最高的目的、存在者的根據和原則、理想和超感性領域、上帝和諸神——這一切被先行把握為價值了。由此可見，只有當我們了解尼采所理解的價值為何時，我們才能充分地了解尼采的虛無主義概念。

價值

海德格認為，價值是權力意志本身所設定的自身條件。只有當權力意志作為一切現實的基本特徵顯露出來，並因此被把握為一切現實的現實性之際，我們才能證明價值從何而來，一切價值評價始終由何種東西來承荷、受什麼引導。透過海德格的闡述，我們得以明白價值設定的原則。價值設定將成為「原則性的」，即從作為存在者根據的存在而來是可實行的。

十九世紀，關於價值的談論已司空見慣。當尼采的著作問世後，價值的談論就成了大眾化的事情。世人大談生命價值、文化價值、精神價值等。在哲學的學術研究中，在新康德主義的改造中，人類獲得了價值哲學。人類構造出種種價值系統，且在倫理學中探究價值的層次。甚至於基督教神學中，人類也將善的最高存在者，規定為至高的價值。

關於價值，尼采在他的《權力意志》裡這樣寫道：「『價值』的觀點，即著眼於生成中的生命相對延續的綜合產物來看，關於保存——提高條件的觀點。」

價值的本質在於成為觀點。價值是指已經被收入眼簾的東西，意味著一種觀點的視點，這種觀看針對某個東西。價值處於與一種「如此之多」的內在關聯中與量和數的內在關聯中。

由於將價值標識為一種觀點，便得出了對尼采的價值概念來說是本質性的一點：作為觀點，價值總是被觀看且為這種觀看而設立。這種觀看具有以下特徵：它看，是因為已經看到了；而它已經看到，是因為它表象並設定了被看見的東西本身。

價值之所以為價值，是因為它起作用，是因為它被設定為標尺。它被設定起來，透過一種對必須被指望東西的看望而被設定。一切存在者都是表象著的存在者，因為存在者的存在包含著一種欲求，即一種露面的衝動，這種衝動使某物顯現出來，從而決定它的出現。一切存在者的本質——具有這種欲求的本質——於是就占有自己，且為自己設定了一個視點。這個視點給出要遵循的視角。這個視點即價值。

尼采認為，作為觀點的價值在本質上同時是保存和提高的條件。價值被設定之處，必然有兩種制約作用的方式被收入眼簾，且這兩種方式總是一體地相互關聯。為什麼呢？因為表象著、欲求著的存在者在其本質中就是如此存在的，即它需要這視點。倘若作為觀點的價值必然制約著保存，同時又制約著提高，那這種價值是何種東西的條件呢？

保存和提高代表了原本一體的基生命本特徵。生命的本質包含生長欲望——即提高，生命的任何保存都服務於生命的提高。任何一種生命，倘若只知一味自限於單純的保存，便形同衰敗了。

作為觀點，價值引導著那種「著眼於綜合產物」的觀看。這種觀看一向是貫通一切生命體的生命目光的觀看。由於生命為生命體設定視點，生命在其本質中便表示自身是設定價值的生命。

「生命的綜合產物」依賴於那些保存和持續的條件，即持續者只是為了在提高中成為非持續者才持存。這一生命的綜合產物的延續乃基於提高和保存的交互關係。因此，這種延續是一種比較而言的延續。它始終是生命體的「相對延續」，也就是生命的「相對延續」。

套用尼采的話，價值就是「著眼於生成中的生命相對延續的綜合產物來看，關於保存——提高條件的觀點」。在尼采形而上學的概念裡，「生成」這個單純和不確定的詞語並不意味著萬物的某種流變，也不意味著純粹的狀態變化，更不是指任何發展和不確定的展開。「生存」是指從某物到某物的過渡，萊布尼茲在《單子論》中稱為「自然變化」的那種運動和激動，這種運動和激動完全支配著存在者之為存在者。尼采將這種支配作用思考為存在者的基本特徵。他規定在其本質中的存在者的那個東西為「權力意志」。

如果說尼采以「生成」一詞結束了對價值本質的闡述，「權力意志」這個詞就啟示著那個根本說來完全包含著價值和價值設定的基本領域。

「生成」，對尼采而言就是「權力意志」。這樣「權力意志」便是「生命」的基本特徵。在尼采的用語中，「權力意志」、「生成」、「生命」和最廣義的「存在」都是指同一個意思，便是「權力意志」。在生成內部，生命即生命體便構成自身為權力意志的諸中心。這種中心因此成為統治產物。尼采所認為的統治產物即國家、科學、社會等。故尼采也可以說：「『價值』，從本質上說即這種統治中心或增或減的觀點」。

在上面所引的對價值本質的界定中，尼采將價值把握為保存和提高生命的觀點上的條件，但又在作為權力意志的生成中看到了生命的根據，如此一來，權力意志便被揭示為設定那種觀點的東西。它根據它的「內在原則」作為存在者存在中的「欲求」來作價值評價。權力意志乃是價值設定必然性的根據和價值評價可能性的本源。故尼采說：「價值及其變化始終與價值設定者的權力成長成比例。」

由此我們看到，價值是權力意志本身所設定的自身條件。只有當權力意志作為一切現實的基本特徵顯露出來，並因此被把握為一切現實的現實性之際，我們才能表示：價值從何而來？一切價值評價始終由何種東西來承荷、受什麼引導？現在，價值設定的原則是已知的。價值設定將成為「原則性的」，從作為存在者根據的存在而來是可實行的。

因此，作為一種已知的也被要求的原則，權力意志同時也是一種設定新的價值的原則。此外，權力意志還是重估以往一切價值的原則。但由於以往的最高價值是從超感性領域的高度上統治了感性領域，而這種統治的結構即形而上學，所以隨著重估一切價值的新原則的設定，也就進行了一種對一切形而上學的顛倒。

由於尼采將虛無主義理解為廢黜以往最高價值的歷史規律性，且又在重估一切價值的意義上來解說這種廢黜，如此一來，依照尼采的觀點，虛無主義就植根於價值的統治和崩潰中，從而也植根於一般價值設定的可能性之中。

權力意志

關於權力意志的本質，海德格認為，絕不能單純根據流行的關於意願和權力的觀念來理解它，而只能透過一種對形而上學思想的沉思，透過一種對西方形而上學的整個歷史的沉思來理解它，才有可能弄明白尼采所說的「權力意志」。

對於尼采所說的「權力意志」，我們絕不能單純根據流行的關於意願和權力的觀念來理解它，而只有透過一種對形而上學思想的沉思，透過一種對西方整個形而上學歷史的沉思來理解它，才有可能明白尼采所說的「權力意志」。

尼采在其《查拉圖斯特拉如是說》一書裡，首次在特定的相關語境中道出「權力意志」：「只要有生命的地方，我就會找到『權力意志』；甚至在僕人的意志中，我也找得到那種要做主人的意志。」

意願是做主人的意願。這種理解的意志還存在於僕人的意志中。儘管這並不是說，僕人力求擺脫僕人的角色而成為自己的主人。可以這樣理解，僕人儘管身為僕人，但總還想支配某種東西，也就是他在自己的僕役中所命令和利用的東西。這樣一來，他作為奴僕的同時也是一個主人。做奴僕也就是想做主人。

意志絕不是一種願望，也不是一種對某物的單純追求。不如說，意願本就是命令。這種命令的本質在於，命令者在對作用行為的可能性的有意識的支配中成為主人。在命令中被命令的，乃是這種支配的實行。在命令中，命令者服從這種支配和支配能力，從而服從自己。命令，要與單純對他人發號施令區分開來，它是自我克服，比服從更艱難。意志乃是專注於所接受的使命。只有不能服從自己的人才需要特別的被命令。意志所意願的並非追求它還不具有的東西。意志意願它已經具有的東西。

因為意志意願它的意志。意志意願自身。意志超越自己。如此，意志之為意志，意願超出自身，必然同時超越、支配自己。因此，尼采說：「一般的意願，無異於更大的意願，生長的意願……」。在此，「更大」意味著「更多的權力」，而後者意味著：只有權力。因為權力的本質在於成為支配已經達到的權力等級的主人。只有當權力保持為提高權力，且受命於「權力的成長」，權力才是持久的權力。權力的本質包含對自身的征服。這種征服歸於權力本身，且來自權力本身。

在「權力意志」這個名稱中，「權力」一詞所命名的無非是就其為命令而言的意志自我意願方式的本質。作為命令，意志專注其自身，即專注它所意願的東西。權力意志是強力的本質。它顯示出作為純粹意志而自我意願意志的絕對本質。

作為意志的本質，權力意志的本質乃是一切現實的基本特徵。尼采認為：權力意志是「存在的最內在的本質」。這裡的「存在」依照形而上學的語言用法，是指存在者整體。因此，作為存在者的基本特性，權力意志的本質和權力意志本身無法透過心理學上的考察來加以確定，相反，心理學本身倒是透過權力意志才獲得了它的本質。所以，尼采並非從心理學上理解意志，相反，他將心理學規定為「權力意志的形態學和發展學說」。這種形態學就是關於存在的存在論，而存在的形式——透過外觀向知覺的轉變——在知覺的欲望中顯示為權力意志。

作為權力意志，意志是趨向更大的權力命令。倘若意志能夠在對自身的征服中超越當下的等級，那這種等級必須已經被達到、保證和保持。對當下權力等級的保證是提高權力的必要條件。但為了意志能夠自我意願，也即為了一種要更大意願的存在，一種提高權力的存在，這一必要條件依然不充分。意志必須有一種視野，且開啟出這一視野，才能顯示出那些可能性，為一種權力的提高指明軌道。意志必須如此設定那種超出自身意願的條件。首先，權力意志必須設定保存和提高權力的條件。意志包含對這些共屬一體的條件的設定。

只要意志意願征服自己，它便不會安於生命的任何一種豐富。意志在呈獻出自己的意志中發揮其力量。意志不斷地作為同一個意志返回到相同者的自身那裡。存在者整體的本質是權力意志；存在者整體的存在方式即「相同者的永恆輪迴」。

如何思考「權力意志」與「相同者的永恆輪迴」之間的本質關係，現在還無法闡述，因為對於本質與存在區分的來源，形而上學從沒有做過思考。

倘若形而上學將在其存在中的存在者思考為權力意志，它就勢必將存在者思考為設定價值的東西。形而上學在價值、價值作用、價值廢黜和價值重估的視界中思考一切。現代形而上學由此發端，其本質在於：它探求絕對不可懷疑的東西，確定可知的東西、確定性。

由於權力意志對它本身的持存保證，設定為一種必然的價值，同時也為保證一切存在者的必然性作了辯護；而這一切存在者作為一種本質上表象著的存在者，始終也是持以為真的存在者。這種持以為真的保證稱為確定性。因此，依照尼采的觀點，作為現代形而上學的原則，確定性只有在權力意志中才能真正找到根據。

對意志當下所達到的權力等級的保存，在於意志用一個它能夠隨時且牢靠動用的東西的圓周區域，把自己包圍起來，以便能夠從中爭得它自身的可靠性。這一圓周區域界定了對意志來說可直接支配的在場者的持存。這一持續的東西只有當它被一種擺置帶向狀態時，才成為一個持久的東西。這種擺置具有表象性製造的特性。尼采將這個持續的東西稱為「存在者」。自西方思想的發跡以來，存在者就被當作真理，同時，「存在」和「真實」的意義是變化多端的。

從對當下達到的權力等級的保證來看，真理是必然的價值。但是，真理不足以達到某個權力等級。權力意志只有從意志的可能性而來才向其本身開放。

權力意志的本質統一性是權力意志本身。這種本質統一性乃是權力意志作為意志面對自身的方式。它將權力意志本身置入自我的考驗中，結果，權力意志在這種考驗中以其最高的形態展現了自己。這種展現在此絕不是一種事後追加的表達，這種展現所決定的在場乃是權力意志的存在方式，權力意志就是作為這種方式而存在的。

然而，權力意志的存在方式亦是它置身於其本身無遮蔽領域中的方式。權力意志的真理即植根於此。權力意志的本質統一性問題即作為存在者存在的權力意志在其中存在的真理的方式問題。而這種真理同時也是存在者之為存在者的真理，形而上學便是作為這種真理而存在的。由此看來，現在所追問的真理並非權力意志本身作為存在者之為存在者的必然條件所設定的那種真理，而是設定條件的權力意志本身已經在其中成為其本質的那種真理。

第四章 人，詩意的棲居

「人，詩意的棲居」，是海德格關於「人的存在」的一種至高境界的嚮往，是關於人生境界和價值的至高情懷。有人把它概括為「人自由地居住在大地上」，有人則進一步理解為「人以審美的人生態度居住在大地上」，「是在人的層次上以一種積極樂觀、詩意妙覺的態度應物、處事、待己的高妙境界」。這裡的「詩」已超越文學上的「詩」，成為哲學上的「詩」。

詩人何為

賀德林在《麵包和酒》中這樣問道：「……在貧困時代裡詩人何為？」這個問題在今天幾乎不能為世人領會了。

「……在貧困時代裡詩人何為？」，「時代」一詞在此指的是我們還置身於其中的時代。在貧困時代裡詩人何為？賀德林借海因茨之口答道：「他們就像酒神的神聖祭司，在神聖的黑夜裡遷徙，浪跡四方。」

上帝的離去

賀德林認為，自從海克力斯、戴歐尼修斯和耶穌這個「三位一體」棄世離去，世界時代的夜晚便趨向於黑夜。黑夜瀰漫著它的黑暗。上帝的離去、「上帝的缺席」決定了世界時代。黑夜的時代是貧困的時代，因為它一味地變得非常貧困，以至於它無法再察覺到上帝的缺席本身。本節，海德格就賀德林「上帝的離去」這一觀點做了深入闡釋。

基於上帝的離去，世界也失去了它賴以建立的基礎。「深淵」一詞原本意指地基和基礎，是指某物順勢下降而落入其中的最深的基地。但是在此，我們將這個「從……」看作基礎的完全缺失。

基礎乃是某種植根和站立的基地。喪失基礎的世界時代將懸於深淵。即便有這種轉變為這個貧困時代敞開著，這種轉變也只有當世界從基礎升起而發生轉向之際才能到來。換句話說，就是只有當世界從深淵而來發生轉向之際才能到來。在世界黑夜的時代裡，人類必須經歷且承受世界的深淵。為此，也必須要有入於深淵的人類。

世界時代轉變的發生，並不是因為有某個新上帝突然冒出來。或者，一個老上帝從某處衝出來。假如人沒有事先為它準備好一個居留之所，上帝重新出現的時候又該如何面對、如何處理？假如神性的光輝沒有事先在萬物中閃耀，上帝又怎麼能有一種合乎神之方式的居留呢？

「曾經在此」的神祇有在「適當時代」裡才能「返回」；這就是說，只有當時代已經藉助於人在正確的地點以正確的方式發生了轉變，神才能「返回」。因此，賀德林在《回憶》中寫道：「……天神之力並非萬能，終有一死者，更早達乎深淵。於是轉變與之相伴時代久遠矣，而真實自行發生。」

世界黑夜的貧困時代經歷了漫長的時間。既然如此，必會達到夜半。夜到夜半也即最大的時代貧困。於是，這貧困時代甚至連自身的貧困也體會不到。這種無能為力便是時代最徹底的貧困，貧困者的貧困由此沉入黑夜。貧困完全沉入了暗夜，因為貧困只是一味地渴求將自身掩蓋起來。然而，我們按理應該將世界黑夜看作一種在悲觀主義和樂觀主義發生的命運。或許，世界黑夜現在正在趨向其夜半。或許世界時代現在正成為完全的貧困時代。但或許並沒有、尚未、總還尚未如此；儘管有不可預測的困境，有各種無名的痛苦，有不斷的不安，有持續的諸種混亂。這時代久而久之，因為那種被視為轉變基礎的驚恐，只要尚未伴隨人的轉向，它便無所作為。但是，人的轉向是在他們探入本己時，人依然更接近於不在場，因為他們被在場所關聯。這裡所指的在場，自古以來被稱為存在。然而，在場同時也遮蔽自身，故在場本身即不在場。

賀德林在讚美詩《泰坦》中將「深淵」稱為「體察一切的」。在終有一死的人中間，誰能比其他人更早地且完全不同地入乎深淵，誰就能看到深淵所註明的標誌。對詩人來說，這就是遠逝諸神的蹤跡。賀德林認為，是戴歐尼修斯這位酒神把這一蹤跡帶給處於其世界黑夜之黑暗中的、失去上帝的眾生。因為酒神用葡萄及其果實同時保存了作為人和神的婚宴之所的大地和天空之間的本質性。無論在哪裡，只要在這一婚宴之所的範圍內，都可能為失去上帝的人留存著遠逝諸神的蹤跡。

意願

海德格認為，意願便是將某物帶到自身面前，而在帶的時候，這種被帶到面前的東西作為事先被表象的東西，在任何方面都規定著製造的一切方式。海德格所說的意願就是製造，是在有意貫徹對象化意圖的意義上的製造。

什麼叫意願？意願便是將某物帶到自身面前來，而在帶的時候，這種被帶到面前來的東西作為事先被表象的東西，在任何方面都規定製造的一切方式。這裡所謂的意願就是製造，而且是在有意貫徹對象化的意圖意義上的製造。植物和動物毫無意願，因為他們被鎮靜在情趣中，絕不將敞開者作為對象擺到自身面前。它們不能將冒險作為一種被表象的東西隨之而行。因為它們被允許進入敞開者之中。因此，純粹牽引並不是它們本身之外的對象性的其他東西。相反，人「隨」冒險而行，因為人是上述意義上的有意願的東西。

「……不過吾人
更甚於動植物

即隨此冒險而行，意願隨行……」

這裡所說的意願是指貫徹，這種貫徹的意圖已經將世界作為可製造對象的整體設定來了。這種意願規定著現代人的本質，而現代人最初對此種本質的深遠作用沒有絲毫察覺；這種意願究竟是從什麼樣的存在者的存在意志中所發出？這個問題，時至今日也無人知曉。現代人在這種意願中將自身作為這種人擺出來，這種人在對一切存在者的一切關係之中，都作為貫徹自身意圖的製造者而站立起來，且將此種起來建立為無條件的統治。

世界作為對立的持存顯現出來，這種對立的持存整體聽憑貫徹自身意圖的製造者的擺布與處理，並因此而處於他的命令之下。意願在自身中就具有命令的特性，因為有意的貫徹就是一種方式，在此方式中，製造活動的狀況和世界的對象特性會合成一個無條件的、圓滿的統一體。在此會合中，意志的命令性質透露出來了。憑此一透露，在現在形而上學的歷程中；作為存在者存在的、其本質意志久久隱蔽著的本質就顯露出來了。

與此相應的，人的意願也只能以貫徹意圖的方式，即人的意願事先就將一切逼入它的領域之內。一切都始自無法遏止地要變成這種意願的貫徹意圖的製造材料。地球及空氣都變成原料。人變成被用於高級目的的人的材料。將世界有意製造出來的這種無條件的貫徹意圖的活動，被無條件地設置到人的命令狀態中，這是從技術的隱蔽本質中出現的過程。

這種情形只是到了現代才開始作為存在者整體真理的命運展現出來，雖然存在者整體真理的零星現象與嘗試一向散見於文化和文明的廣泛領域內。

現代科學和極權國家都是技術本質的必然結果，同時亦是技術的隨從。在為組織世界公眾意見與人類的日常想法而準備的各種手段和形式中，也有相同的情形。不僅生命體在培育和利用中從技術上被對象化了，且原子物理學對各種生命體現象的進攻也在大量進行中。說到底，這是要將生命的本質交付給技術製造處理。今天，人類極為嚴肅地在原子物理學的各種成就和狀況中尋找證明人的自由和建立新價值學說的各種可能性，這正是技術觀念占了統治地位的代表。在技術觀念的統治展開來的時候，個體的個人看法和意見的領域早被遺忘了。甚至當人類在較不重要的地區還試圖憑藉過去的價值觀念來掌握技術進行這種努力時已經運用了技術手段，而所運用的技術手段非僅存外貌而已，在這個時候，技術本質的威力表現出來了。因為利用機器和機器生產從根本上並非技術本身，而只是將技術本質在技術的原料對象中設置起來的過程中適合於技術的一種手段，人變成主體、世界變成客體這件事也是自行設置的技術本質的結果，而不是相反情形。

當里爾克體會到作為圓滿自然的非對象性東西的敞開者時，有意願之人的世界就必定與此相反，且以相應的方式作為對象性的東西顯露於里爾克面前。反過來說，洞察那美妙的存在者整體的一瞥倒可以從正在升起的技術現象處獲得一種暗示，指示出一些範圍的內幕，從這些範圍中或許會出現一些更深遠地形成起來的克服技術的辦法。

技術生產的產物湧現於純粹牽引的敞開者面前。舊日成長的事物迅速消逝。這些事物一經對象化之後就不能再顯示自身的特色了。西元一九二五年十一月十三日，里爾克在其所寫的一份書信裡如此寫道：

「對我們的長輩而言，一間『房子』，一口『井』，一座他們熟悉的塔，甚至他們自己的衣服，他們的大衣，都還是無限寶貴、無限可親的；幾乎每一樣事物都還是他們在其中發現人性的東西和加進人性東西的容器。然而，現在四處可見的是美國商品，空乏而無味，是似是而非的東西，是生命的冒牌貨……一座美國人所理解的房子，一顆美國蘋果或一棵美國葡萄樹，都與我們長輩的希望和沉思所寄的房子、果實、葡萄沒有絲毫共同之處……。」

但是，單純就歐洲來說，一個在其中作為求意志的意志存在開始占統治地位的世界本質上值得追問許多方面，都是事先想到的；美國的東西只是歐洲的東西被意求的現代本質對歐洲的集中反擊而已。並非是美國的東西直到現在才威脅現代人，而是技術未被體會到的本質早已威脅我們的祖先及其事物了。里爾克的思考給人的啟發之處，並不在於他還企圖挽救我們祖先的事物。我們還必須有所先行思考，去認識在物的物性中，值得追問的東西是什麼。里爾克也早在西元一九〇一年發表的《朝聖之書》裡寫下了預見甚遠的詩句：

「世界諸王皆老矣，
將無人繼位。
諸子早已夭折，
諸女已經憔悴，
破爛王冠委暴力。
眾人搗之以易錢，
趨時世界主人
熔之以鑄機器，
隆隆作響效命人欲
然機器並不送幸福。
金屬有鄉愁。曾蒙
錢幣和齒輪教識渺渺生趣
今欲離之而去。

欲離工廠和金庫，
復返被開發之山脈，
山脈納之將門封閉。」

技術統治的對象越來越快、越來越無所顧及、越來越圓滿推行於全球，取代了昔日可見的世事所約定俗成的一切。技術的統治不僅將一切存在者設立為生產過程中可製造的東西，且透過市場將生產的產品提供出來。人之人性和物之物性，都在貫徹意圖的製造範圍內分化為一個在市場上可以計算出來的市場價值。這個市場不僅作為世界市場遍布全球，而且作為求意志的意志在存在本質中進行買賣，並因而將一切存在者帶入一種計算行為之中，這種計算行為在不需要數字的地方統治得最為徹底。

里爾克的詩將人思考為一種冒險深入一種意願中的東西，將人思為一種在求意志的意志中為意志所寄，但並不自知這一點的東西。人如此這般地意願著，就能隨冒險而行，此時他就將自己作為貫徹意圖者，置身於其一切所作所為之前。因此，人比植物和動物更加冒險。與此相應，人處於危險中的情況也會與動植物不同。

在動植物中，沒有任何物受到特別保護。人作為自身意願者，也不受存在者整體特別保護。人作為表象者和製造者處於被偽裝過的敞開者面前。因此，人本身及其事物都面臨著一種日益成長的危險，就是要變成單純的材料以及變成對象化的功能。貫徹意圖的規劃又進一步擴大了危險的範圍。人在無條件的製造這件事上有失掉自己的危險。落在人的本質上的威脅從這種本質本身中成長。然而，人的本質基於存在對人的關聯。因此，人由於他的自身意願而在一種本質性的意義上被威脅著，換句話說，就是人需要保護，但又由於同一個本性而同時無保護。

這種「人無保護性」始終與動植物的不被特別保護不同，就如同動植物的「陰沉之趣」不同於人以自身為意願的情形。這種區別是一種無限的區別，因為從陰沉之趣無法過渡到貫徹意圖的對象化。但是，這種貫徹意圖活動不僅將人置於「保護之外」，而且，世界對象化的貫徹還日益堅決地將保護的可能性都消滅了。當人將世界作為對象、用技術加以建設的時候，人就將自己通向敞開者原本已經封閉的道路。貫徹意圖的人，不僅處於敞開者之外，還在敞開者面前，且由於他將世界對象化，導致他更加遠離「純粹牽引」。人與純粹牽引分離了。技術時代的人在這種分離中對立於敞開者。

存在者聞所未聞的中心作為純粹牽引將一切純粹之力集中於自身，在一切對象性中總要遠離這種純粹牽引，而技術便是以遠離此種純粹牽引為前提的一種無條件的設置，一種在人的貫徹意圖過程中無條件的無保護存在的無條件設置。技術的生產就是這種分離的組織。

人類所為之畏懼的原子彈，並不是什麼致命的東西。早已用死而且是用人的本質之死來威脅人的，乃是在有意於一切中貫徹意圖意義上的單純意願的無條件的東西。在人的本質中威脅人的，是認為倚靠對自然能源的和平解放、改造、儲藏和控制，就能使人人都覺得做人是可以忍受的，而且是完全幸福的這種出自意志的意見。但是這種和平事業中的和平，只不過是那種有意識放在自身上的貫徹意圖的、天翻地覆的忙亂毫不被攪亂地繼續擾亂不休而已。在人的本質中威脅人的，是這樣一種觀念：貫徹製造的工作可以沒有危險地進行，只要還有別的興趣。在人的本質中威脅人的，是這樣一種意見：技術的製造使世界井然有序，恰是這種井然有序將任何秩序都製造得千篇一律了，從而一開始就將一個可能出現秩序和從存在而來的承認領域破壞了。

並不是意願的總體性才是危險，而是在只允許作為意志的世界範圍之內，以貫徹意圖的形態出現的意願本身才是危險。這種從此種意志中而來，被意求的意願已經決定執行無條件的命令了。這種意願一經這種決定，就已經聽從總體組織的擺布了。

敞開者

里爾克用「敞開者」一詞來命名整體牽引，認為每一存在者作為所冒險者，始終被交託於其中的整體牽引。而海德格提出了新解，認為凡是直接歸屬於敞開者的東西，總是被敞開者接收入中心的牽引中。因此，在所有的冒險者中，總是有一種冒險者最能歸屬到敞開者中，這種所冒險者按照自己的本質被收取，因此，它在這種被收取狀態中絕不追求可能任何與它對立的東西。

里爾克用「敞開者」一詞來命名那種整體牽引，即每一存在者作為所冒險者，始終被交託於其中的整體牽引。「敞開」，用里爾克的話來說是指沒有鎖閉的東西。它沒有鎖閉，是因為它沒有設立界限。它沒有設立界限，是因為它本身擺脫了所有界限。敞開者是一切沒有界限東西的偉大整體。它讓進入純粹牽引中被冒險的芸芸眾生作為被吸引者而吸引，以至於它們繼續多樣地相互吸引，而沒有碰到任何界限。如此一來，它們便融入無界限的東西之中。它們並非化為空洞的虛無，而是進入敞開者整體之中來兌現自己。

里爾克用「敞開者」這個詞所指的東西，絕非由存在者無蔽狀態意義上的敞開狀態來規定；這種敞開狀態讓存在者作為這樣一個存在者而在場。如果我們想在無蔽狀態和無蔽領域的意義上來解釋里爾克所指的敞開者，我們可以說：里爾克所說的敞開者，恰恰是被鎖閉者，是未被照亮的東西，它在無界限的東西中繼續吸引，以至於它不能遇到什麼異乎尋常的東西，根本上也無法遇到什麼東西。某物照面之處，即產生界限。哪裡有限制，被限制者就在哪裡退回到自身那裡，從而專注於自身。這種限制扭曲關閉與敞開者的關係，且使這種關係本身成為一種扭曲的關係。在無界限東西中的限制，在人的表象中被建立起來。對置的對立並沒有讓人直接處於敞開者之中。它以某種方式將人從世界中消除，且將人置於世界面前。這裡的「世界」指的是存在者整體。世界性的東西乃是敞開者本身，是非對象性東西的整體。但是，即使是「敞開者」這一名稱，也如同「冒險」這個詞，作為形而上學的概念是有歧義的。它既指純粹牽引的無界限的牽引整體，也指那種在普遍起支配作用的擺脫限制意義上的敞開性。

敞開者允許進入。但這種「允許進入」卻並不意味著允許……進入和通達被鎖閉者，彷彿遮蔽者能夠自行解蔽而作為無蔽者顯現出來。「允許進入」意味著：引入和嵌入到純粹牽引吸引的未被照亮的整體中。作為敞開者的存在方式，「允許進入」具有那種以純粹之力的重力的方式「將……包括吸引在內」的特徵。

所有冒險者越少被阻止進入純粹的牽引，它就越是屬於敞開者的偉大整體。因此，里爾克將直接進入這一偉大整體，被冒險並在其中自行衡量的芸芸眾生命名為「偉大的尋常之物」。人不屬於這裡所說的芸芸眾生。

里爾克以「敞開者」一詞所思考的東西，可以從他寫給一位俄國讀者的信中看出：

「『敞開者』這個概念，你必須這樣理解，即動物的意識程度將動物投入世界，但動物沒有時時刻刻將自身置於世界的對立位置。動物在世界中存在，我們人則站在世界面前，而這依靠的是我們意識所作的特有轉折和強化。因此，我所說的『敞開者』，並不是指天空、空氣和空間；對觀察者和判斷者而言，它們也還是『對象』，因此是『不透明的』和關閉的。動物、花朵，或許就是這一切，在無形中為自己辯解；它在自身之前和自身之上具有無法描述的敞開的自由——這在人身上也有等價的東西，但或許只在愛情的最初瞬間，那時，人在他人身上、在所愛的人身上、在向上帝的提升中，看到了他自己的廣度。」

動植物被允許進入敞開者之中。它們「在世界之中」。這個「在……之中」意味著：未被照亮地被包括、吸引入純粹牽引的牽連之中。與敞開者的關係是一種無意識的關係。隨著意識的提高，意識的本質對於現代形而上學而言即表象，對象的站立和站立狀態也提高了。意識越提高，有意識的生命也越是被排除出世界。因此，依照里爾克的觀點認為，人是「在世界面前」。人沒有被允許進入敞開者之中，人相對於世界而立。人沒有直接棲居於整體牽引的吸引和牽引之風中。

凡是直接歸屬到敞開者中的東西，總是被敞開者接收入中心吸引的牽引中。因此，在所有的冒險者中，總是那種所冒險者最能歸屬到敞開者中，這種所冒險者按照自己的本質被收取，因此它在這種被收取狀態中絕不追求可能與它對立的任何東西。凡是這樣成其本質的東西，就「在陰沉之趣中」。「自然」聽任萬物聽其陰沉之趣的冒險擺布。「陰沉」在此的意思是「鎮靜」：不要衝破那無界限的、繼續吸引的牽連；這種無界限的繼續吸引不會被擾亂不寧，而有意識的表象卻作為此種擾亂不寧的來回吸引而忙亂著。「陰沉」並不是指陰鬱沉悶的消極意義，而是其根甚深而有承擔者特性的東西。里爾克並不是將陰沉之趣思考為下賤的東西，陰沉之趣確證了自然中偉大的尋常之物歸屬於純粹牽引的整體。因此，里爾克在《後期詩》中說：「花之存在於吾人乃偉大」。這首詩著眼於人和萬物對冒險關係的不同而寫下「萬物」與「吾人」。

「……不過吾人
更甚於動植物
即隨此冒險而行……」

「人更甚於動植物即隨此冒險而行」，這意味著，人比那些萬物更無阻攔地被允許進入敞開者中。即便這個「隨」字沒有被加上重點標記，這個「甚」也必然是這個意思。強調這個「隨」字，是指隨冒險而行是特別為人設想的，且作為在人在高位中被提高的東西而設想。冒險及其所冒險者，自然、存在者整體、世界，都為人而擺出，都於牽引之鎮靜的東西中擺出。但是，這樣被擺置的東西該擺置到哪裡去，且透過什麼來擺置呢？自然是透過人的表象而被帶到人的面前。人將世界作為對象整體擺到自身面前，並將自身擺到世界面前；人將世界擺置到自己身上，並對自己製造自然。這種知道，我們必須從其廣大的和多樣性的本質上來思考。人在自然不足以應付人的表象之處訂造自然。人在事物使他偏離他的意圖之處調整事物。人在要誇大某物可供購買或利用之際，就將某物擺出來。在將自己的本事擺出來並為自己的行業作宣傳時，人就擺出來。在諸多的製造中，世界被帶向站立並被帶入站立中。敞開者變成對象，因而轉到人的本質上了。人將世界當作對象，在世界的對面將自身擺出來，將自身樹立為有意來進行這一切製造的人。

生命的冒險

海德格認為，人在本質上比動植物更加冒險，有時大膽冒險更甚於「生命本身」。海德格所謂的「生命」，在這裡是指存在中的存在者——即自然。生命的冒險亦即比冒險更大膽地冒險。

人在本質上比動植物更加冒險，有時大膽冒險甚於「生命本身」。「生命」在這裡是指：存在中的存在者，即自然。人有時比冒險更大膽冒險，比存在者的存在更具有存在特性。但是，存在乃是存在者的基礎。凡比基礎更加冒險者，就冒險入於一切基礎破碎之處，即進入深淵。但是，如果人是意願隨行而隨冒險而行的冒險者，有時候冒險更甚的人意願也會更甚。有對這種意願的、超出有意貫徹意圖活動的無條件東西之外的提高嗎？沒有，那些有時冒險更甚的人類，只有當他們的意願在本質上有所不同時，才能意志更甚。如此一來，意願與意志不會馬上同一。那出於意志的本質而意願更甚者，遵從意志更甚於遵從存在者的存在。他們更快地回應那些顯示為意志的存在，他們意願更甚，是由於他們更具有意志。那誰是那個冒險更甚、更具有意志者呢？里爾克的詩中並沒有就這個問題提供明確答案。

冒險更甚者並非出於私利和為個體自我而去冒險。他並非想以此來獲得好處，也並非沉溺於自私自利。儘管他們冒險更甚，但是他們也不誇大任何顯著功績。因為他們僅憑這一點點，即他們「……憑勇氣和毅力……」。他們在冒險方面的「更」如同游絲般難察。從這種揭示中不難得出誰是冒險更甚者。

如世間一切萬物，我們也只是在存在冒險中被冒險的存在者。但由於我們作為有意願的東西隨冒險而行，因此我們更加冒險，也更早地面臨危險。當人固執與有意的貫徹意圖活動，且透過無條件的對象化將自身置於反敞開者的告別時，他本身已助長了自己的無保護性。

但是，冒險更甚的大膽冒險為我們提供了一種安全。當然，這事情的發生並非由於這種大膽冒險在無保護者周圍樹立起保護防線；因為這樣的話，就僅僅是在缺少保護的地方建立起一個保護者而已。因此，還需要一種製造。這種製造唯有在對象化中才有可能。然而，對象化卻又將我們縮閉起來與敞開者對立。這種冒險更甚的大膽冒險並沒有製造出任何保護。但它為我們創造了一種安全。「安全」意味著沒有煩惱。在這裡，煩惱具有憑藉無條件的製造有意的貫徹意圖活動的特性。只有當我們沒有徹底地將我們的本質設立於製造和訂造的區域、可利用者和可保護者的區域時，我們才不會有這種煩惱。只有當我們既不計算無保護者，也不計算在意願中樹立起來的保護時，我們才安全地存在。只有超出遠離敞開者的對象化，「超出保護之外」才有一種安全。純粹牽引是一切吸引聞所未聞的中心，這種吸引將萬物吸入無界限之中，且為一中心吸引萬物。這一中心乃是純粹之力的重力起作用的「處所」。安全存在乃是於整體牽引吸引中的隱蔽的安居。

冒險更甚的大膽冒險，比任何貫徹意圖活動更有意願，因為它是有意志的，為我們「創造」了在敞開者中的安全。「創造」意味著：汲取。「從源泉中汲取」意思即：接受噴湧出來的東西，且將所接受的東西帶出來。有意志意願的冒險更甚的大膽冒險並不製作任何東西。它接受並給出接受者。它透過展開所接受者的所有豐富性而把所接受者帶出來。冒險更甚的大膽冒險完成但不製造。也只有一種冒險更甚的大膽冒險，才能在接受中完成。

這種冒險更甚的大膽冒險大膽進入對保護的超出，且在那裡將我們帶入安全。這種安全絕不消除無保護性。當人的本質完全獻身於對存在者的對象化之際，人在存在者中間才是無保護的。

人總是以缺乏的方式相關於保護，並因此處於保護之內。相反，安全存在超出任何與保護的關係之外，即「超出保護」之外。

與此相應，看起來彷彿是安全存在和我們對安全存在的獲得這些事要求一種大膽冒險，一種放棄任何與保護和無保護性的關係的大膽冒險。但這也僅僅是彷彿如此而已。實際上，倘若我們從整體牽引的被鎖閉的東西方面來考慮，我們最終就能體會到，是什麼將我們從無保護的貫徹意圖的煩惱中解救出來？

如果只有敞開者才能提供庇護狀態，而無保護性始終處於不斷反敞開者的告別中，那無保護性又將如何保護我們呢？只有當那種反敞開者的告別被顛倒過來，從而使無保護性轉向並進入敞開者中，無保護性才能保護我們。因此，無保護性反過來即庇護者。「庇護」：一方面意味著對告別的顛倒實行庇護；另一方面，無保護性本身以某種方式允許一種安全。那庇護我們的如以下詩句：

「乃吾人之無保護性，
而且，當吾人看出它之逼近時，吾人將其改變
人於敞開者之中……」

詩句中的「而且」過渡到一種說明，它告訴我們，我們的無保護性超出保護之外，允諾我們安全以何種方式是可能的。當然，無保護性從來都不會因我們在它接近時改變它而來庇護我們。無保護性之所以庇護我們，是因為我們已經改變了它。

里爾克說：「吾人將其改變入於敞開者之中。」在已經改變的這回事情中，含著改變的一種特別方式。在我們已經將它改變的時候，無保護性一開始就作為整體，在其本質上被改變了。這種改變的特別之處在於，我們已經看到了向我們逼近的無保護性。只有這種已經看到才感覺危險。它看到，無保護性本身拿喪失對敞開者的歸屬性這件事來威脅我們。在這種已經看到中，必定有已經改變這回事的根據。於是，無保護性被改變而「入於敞開者之中」。

由於已經看到本質的危險，我們必定完成對反敞開者的告別的顛倒。這是因為：敞開者本身已經以我們得以將它轉向無保護性的方式轉向我們了。

最寬廣的軌道

最寬廣的軌道包括所有存在者。環行將所有存在者圍成一體，環行就是存在者的存在。存在者最寬廣的軌道存在心靈的內在空間裡。世界整體在此以其全部的吸引進入同樣本質性的在場。

什麼是最寬廣的軌道？最寬廣的軌道包括所有存在者。環行將所有存在者圍成一體，環行就是存在者的存在。但是，什麼是「存在者」？顯然，詩人以「自然」、「生命」、「敞開者」、「整體牽引」等名稱來命名存在者整體，甚至按形而上學的語言習慣將這一圓滿的存在者命名為「存在」。但是我們卻體驗不到存在的本質為何。可是，里爾克在將存在命名為敢冒一切之險的冒險時，他難道對存在的本質無話可說嗎？我們曾試圖回過頭去思考這種被命名的東西怎樣進入到存在者存在的現代本質中，進入到求意志的意志之中。不過現在，當我們試圖將這樣被命名的東西思考為整體存在者，將環行思考為存在者的存在時，關於最寬廣軌道的談論卻沒有給我們任何明確的答案。

身為思想者，我們理應記得，最早人類從環行來思考存在者的存在。倘若我們沒有追問和經驗到存在者存在最初是如何發生的，那麼我們對存在的球形特性的思考難免有些馬虎和表面化。存在者整體的存在被稱為具有統一作用的一。但是這個作為存在基本特徵的環行的一是指什麼呢？存在又是指什麼？存在即存在著、意味著、在場著，且是在無蔽領域中在場著。但在在場中遮蔽著對讓在場者作為一個在場者成其本質的無蔽狀態的顯現。真正的在場著只是在場的本身；在場本身作為自身處於它自我的中心，作為這個中心，在場即球體。

球場特性並不在於無所不包的循環，而在於那個照亮著庇護在場者的解蔽著的中心。一的球形特性以及這個一本身就具有照亮的特徵，在此照亮範圍內，在場者才能在場。所以，巴門尼德將在場者的在場命名為圓滿的球體。這個圓滿的球體被看作是在解蔽著和照亮著的一的意義上的存在者存在。這個起作用的統一者促使我們將它稱為照亮著的球殼；這個球殼並非無所不包，而是本身照亮並釋放到在場之中。對這一存在的球體及其球形特性，我們絕不能對象地加以表象。那它是非對象性的嗎？不是，這樣不過是遁入空話而已。我們必須根據在解蔽著的在場意義上的原始存在本質來思考這一球形特性。

里爾克關於最寬廣軌道的話語指的是存在的這一球形特性嗎？我們沒有任何依據能對這個問題作出肯定的回答，尤其將存在者的存在標記為冒險的作法完全對此作了一個否定的回答。但是，里爾克有一次也談到了「存在的球體」，且在直接關聯到對「最寬廣的軌道」這個說法的解釋語境中來談論。西元一九二三年，里爾克在一封信裡如此寫道：

「如同月亮一般，生活確實有不斷規避的一面，但這並不是生活的對立面，而是對它的圓滿性和豐富性的充實，是對現實的美妙而圓滿的空間和存在這球體的充實。」

儘管我們不應該強行將這種比喻關係套到對象性地加以描述的天體上，但很明顯的是，里爾克在此並非從照亮著和統一著的在場意義上的存在方面來思考球體，反而根據全面豐富性意義上的存在者來思考。這裡所說的「存在的球體」，也就是存在者整體的球體，是敞開者，是無限制地相互充溢，並因此相互作用的純粹之力的被閉鎖者。最寬廣的軌道乃是吸引的整體牽引的整體性。這個最寬廣的圓周類似最大的中心，純粹之力的「聞所未聞的中心」。

將無保護性改變而入於敞開者之中，這是說在最寬廣的軌道中「肯定」無保護性。只有在軌道整體的各方面圓滿且均等，以及本身已擺在我們面前，因而就是實在——只有在這種地方，上面所說的肯定才有可能。只有一種肯定而絕非一種否定才能適應它。即便生命規避我們許多方面，只要它們存在，就必須肯定地予以看待。在上文提到的那封信中，里爾克有這樣的話：「死亡是生命的一方面，它規避我們，被我們所遮蔽。」死亡和死者的領域是存在者整體的另一個方面。這一領域是「另一種牽引」，也就是敞開者整體牽引的另一面。在存在者球體的最寬廣軌道中存在著這些領域和位置，它們作為離開我們的東西，看上去似乎是某種否定的東西，但是如果我們深入思考，看到一切都在存在者最寬廣的軌道之內的話，它們就不是某種否定的東西了。

從敞開者這一方面來看，無保護性作為反純粹牽引的告別，似乎也是某種否定的東西。對象化的告別性的貫徹意圖活動所到之處都意願製造的對象的持續因素，且僅將這種持續因素作為存在者和肯定的東西。技術對象化的貫徹意圖活動是對死亡的永久性否定。透過這種否定，死亡本身成為某種否定的東西，成為絕對非持續的和虛無的東西。但是，當我們改變無保護性而入於敞開者之中時，我們便將它改變並入於存在者最寬廣的軌道中——在這個軌道範圍內我們只能肯定無保護性。轉變入於敞開者之中，這是放棄對存在者的否定性解讀。但是，和死亡相比，還有什麼更具有存在者特性的呢？

當我們將無保護性本身改變而入於敞開者之中時，我們就在其本質上將它朝向最寬廣的軌道。這裡留給我們的只是肯定如此顛倒過來的東西。但這種肯定並非將這一種否定顛倒為一種肯定，而是將肯定的東西認作已經擺到眼前的和在場的東西。這樣做，是由於我們將在最寬廣之軌道中顛倒過來的無保護性歸屬到「法則觸及吾人之處」。

里爾克想的是「觸及吾人」的東西。那麼吾人是何人？吾人是意願者，是以有意的貫徹意圖的方式將世界設立為對象的意願者。當我們從最寬廣的軌道那裡被觸及時，此觸及關聯到我們的本質。「觸及」意味著：帶入運動中，我們的本質被帶入運動中。在觸及中，意願受到動搖，致使只有意願的本質才顯現出來並進入運動當中。於是，意願成為一種有意志的意願。

然而，從最寬廣的軌道來觸及我們的是什麼呢？在我們自己對世界進行對象化的日常意願中，什麼東西將我們閉鎖起來並禁止我們呢？是死亡。死亡是觸及終有一死的人的本質的東西；死亡因而將終有一死者聚集於已經被設定的東西的整體之中，人於整體牽引的實在中。作為這種設定的聚集，死亡就是法則，如同山脈乃是使群山進入它們形態整體的聚集一樣。法則觸及我們之處，是最寬廣的軌道範圍內的一個地方——我們一定能進入其中，一定能使顛倒過來的無保護性進入存在者整體之中。這樣改變過來的無保護性最終將庇護我們超出於保護之外而進入敞開者之中。但是，這種改變怎麼可能做到呢？對於告別性的反敞開者背離的顛倒，以什麼方式才能進行？也許僅僅是這樣：這種顛倒首先使我們轉向最寬廣的軌道，使我們本身在我們的本質中朝向和進入這個軌道。安全存在的領域首先須向我們顯示，它作為顛倒的可能地帶，事先必然可以通達。但是，給我們帶來一種安全存在的東西，以及隨之而來的一般安全性的維度，乃是有時比生命本身冒險更甚的大膽冒險。

不過，這種冒險更甚的大膽冒險並不是對我們的無保護性忙碌一通。它並非試圖改變世界對象化的任何方式。不如說，它轉變無保護性本身。冒險更甚的大膽冒險從根本上是將無保護性帶入它自己的領域中。

倘若無保護性在於以有意的貫徹意圖活動為基礎的對象化之中，那麼無保護性的本質又是什麼呢？世界的對象領域在表象著的製造中變成持續的。這種表象有所顯現，但顯現出來的在場的東西於一種具有計算方式的表象中顯現在場。這種表象不知道任何直觀的東西。物之外觀的可直觀因素消失了。技術的計算性製造是一種「無形象的活動」。有意的貫徹意圖活動在其籌劃中，將對一味被計算的產物的計畫置於直觀形象之前。當世界進入由思想虛構出來的產物的對象的領域時，世界就被擺置到非感性和不可見的東西之中了。這種持續東西的在場歸功於一種擺置，這種擺置的活動屬於思維體，也就是意識。對象的對象性領域處於意識之中。對象領域中不可見的東西歸屬於意識內在性的內在領域中。

但是，倘若無保護性是反敞開者的告別，而告別乃植根於對象化，此對象化歸屬於計算性意識的不可見和內在東西之中，那無保護性的本質範圍就是意識的不可見和內在東西了。

不過，既然無保護性的、被顛倒而入於敞開者之中的過程一開始就關聯到無保護性的本質，那麼這種對無保護性的顛倒就是一種對意識的顛倒，且是在意識範圍之內的顛倒。不可見和內在東西的範圍規定了無保護性的本質，但也規定了將無保護性改變而入於最寬廣軌道的方式。所以，那些本質上內在的和不可見的東西，必須轉向那種東西去尋獲本身，這種東西自身只能是不可見東西中最不可見的東西和內在東西中最內在的東西。在現代形而上學中，不可見的內在東西的範圍被規定為計算對象的在場領域。笛卡兒將這一內在範圍稱為「我思」的意識。

幾乎與笛卡兒同時，帕斯卡發現了相對於計算理性邏輯的心靈邏輯。心靈世界的內在東西和不可見東西，比計算理性的內在東西更內在，也更不可見，而且，它也比僅僅可製造的對象領域伸展得更為深廣。在心靈不可見的內在深處，人才貼切於為他所愛者：祖先、死者、兒童、後人。這一切都屬於最寬廣的軌道，這個軌道現在顯示自身為整個美妙所牽引的在場範圍。雖然這種在場與那種計算性製造的習慣意識一樣，同樣是一種內在性的在場，但是，非習慣意識的內在東西保持著一個內心世界，在此內心世界中，一切對我們來說超出了計算的數字性，並且能掙脫這種束縛而充溢地流入敞開者的無界限的整體中。這種超出計數的流溢，從其在場方面來說，是出於心靈的東西和不可見的東西。

存在者最寬廣的軌道在心靈的內在空間中在場。世界整體在此以其全部的吸引而進入同樣本質性的在場中。對這種情況，里爾克用「實存」一詞來表達。世界的整體在場是這個最廣義的「世界實存」。這是表示敞開者的一個不同的名稱，其不同在於其命名方式不同，這種命名現在是就表象著和製造著的反敞開者的告別已經從計算意識的內在性倒轉為心靈的內在空間而言，來思考敞開者。所以，適合與世界實存的心靈的內在空間也被稱為「世界的內在領域」。「世界的」意指存在者整體。

相反，世界的對象領域仍然在表象中被計算，這種表象將時間和空間當作計算的量，且對時間的本質和對空間的本質同樣一無所知。即便是里爾克，他也沒有對世界內在空間的空間性做出更深入的思考，甚至也沒有追問，給予世界的在場以居留之所的世界內在空間究竟是否隨著這種在場而建基於一種時間性；這種時間性的本質性時間與本質性空間構成了時空的原始統一體，而存在本身即作為這種時空成其本質。

然而，里爾克試圖在作為內在的和不可見的在場領域的主體性領域範圍內，去理解由人的自身貫徹意圖的本質建立起來的無保護性，認為這種無保護性本身作為顛倒無保護性，庇護我們進入最寬廣世界內在空間的最內在和最不可見的東西之中。無保護性本身有所庇護。所以，作為內在和不可見的東西，它給予其本質一個暗示，即關於反敞開者告別的一種顛倒的暗示。這種顛倒指向內在東西更內在的東西。對意識的顛倒因而成為一種內在回憶，使表象對象的內在性進入心靈空間的在場之中的內在回憶。

世界內在空間

海德格認為，在我們四周被擺置的對象的關係之外，在世界內在空間的內向領域中，有一種超出保護之外的安全存在。世界內在空間的內向性為我們清除了對敞開者的限制。

只有我們打從心底持有的東西，才是我們真正外向知道的。在這一內向領域中，我們是自由的，超出了那些僅在表面上有保護作用的東西。

只要人一直獻身於有意的貫徹意圖活動，人本身就是無保護的，而且物也是無保護的，因為物已成了對象。雖然這裡也有一種使物入與內在的和不可見的東西之中的轉換，但是，這種轉換是用被計算的對象在思想上杜撰出來的產物來取代物的衰弱。這些對象為了使用的目的而被製造出來。對象越是快速地被使用，就越是有必要更急速和更輕便地去取代它們。那在對象性的物在場中持存的東西，並不是物在它們自身特有的世界之中的持存。作為單純的利用對象，被製造的物體中的持續東西乃是替代品。

正如在對象性占有優勢地位的情況下，我們熟悉的物的消失起因於我們的無保護性，同樣地，我們本質的安全也要求將物從單純的對象性中拯救出來。這種拯救在於：讓物能在整體牽引的最寬廣之的軌道範圍內居於自身之中。或許連對我們的無保護的改變也必須開始進入處於世界內在空間之內的世界實存之中，這樣做的依據是，我們將對象性的物易逝的、短暫的因素，從一味製造著的意識的內在領域和不可見領域，轉變而入於心靈空間的真正內在領域中，且使它在那裡不可見地產生。

內在回憶將我們所求貫徹意圖的本質及對象轉變入心靈空間最內在的不可見領域中。在這裡，一切都是內向的：一切都轉向了意識的這種真正的內在領域，在這種內在領域中，任何物都不受限制地轉向我們而進入另一物中。世界內在空間的內向性為我們清除了對敞開者的限制。只有我們從心裡持有的東西，才是我們真正外向知道的。在這一內向領域中，我們才是自由的，才不僅在表面上具有保護作用。在被擺置我們四周的對象的關係之外，在世界內在空間的內向領域中，有一種超出保護之外的安全。

可是，我們總忍不住想問：那種使意識也以內在對象進入心靈的最內在領域中的內在回憶是如何進行的？內在回憶牽涉到內在的東西和不可見的東西。因為無論是被回憶者還是被回憶者之所向都具有這種本質。內在回憶顛倒告別而達於敞開者最寬廣的軌道中。而在最終難逃一死的人中間，沒有人能夠作這種顛倒的回憶。正如里爾克在詩中說，我們本質的安全之所以被帶向我們，是由於人「有時喜歡冒險……，甚於生命本身……。」

但是，里爾克又給我們留下了一個疑問，那就是這些冒險更甚者所冒何險？詩沒有給出答案。所以，我們企圖在運思之際面對這首詩；同時，為尋求援助，我們也要引用一些詩作。我們要問，比冒險本身或存在者的存在本身冒險更甚的冒險者，還能冒何種險？不管在哪種情況下，不管在哪一方面，冒險者必須以這種方式存在，即就它是一個存在者而言，它關聯到每一個存在者。具有這種方式的乃是存在，而且，這個存在不是其他方式中的任何一種特殊方式，而是存在者之為存在者的方式。

倘若存在是存在者無與倫比的東西，那還有什麼東西能超越存在呢？存在只能被它自身與自我的東西超越。而且是以它特別地進入其自我之中的方式才能超越。如此，存在就是絕對超出自身的無與倫比的東西，成了絕對超越者。但是，這種超越並不是越過去或轉向別的東西，而是回歸到它本身，且歸入其真理的本質之中。存在本身穿越這一回歸，且存在本身就是這一回歸的維度。

當我們思考到這一點的時候，我們便從存在本身中體會到：在存在中有一個為存在所固有的「更甚」，因此有這種可能性，即在存在被思為冒險之處，那冒險更甚者也比存在本身冒險更甚。存在作為存在本身，穿越它自己的區域，此區域之所以被標記，是因為存在在詞語中成其本質。語言是存在的區域、之聖殿；可以這樣說，語言是存在之家。語言的本質絕非意味所能窮盡，語言也絕不僅僅是某種符號和密碼。因為語言是存在之家，所以我們透過不斷地穿行於這個家中而通達存在者。從存在聖殿方面來思考，我們能夠猜測，那些有時冒險更甚於存在者的存在冒險者所冒何險。他們冒存在區域的險，冒語言之險。一切存在者，無論是有意識的對象還是心靈之物，無論是自身貫徹意圖的人還是冒險更甚的人，或所有的生物，都以各自的方式作為存在者存在於語言的區域中。因此，無論何處，唯有在這一區域中，從對象及其表象的領域到心靈空間之內在領域的回歸才可完成。

單純從里爾克的詩來說，存在者的存在在形而上學被規定為世界性的在場，這種在場始終關聯意識中的表現，無論這種意識是具有計算表象的內在性特性，還是具有那種進入心靈可通達的敞開者之中的內在轉向的特性。

整個在場範圍在道說中現身。製造活動的對象事物處於理性的計算性命題和原理的陳述之中。此理性從命題到命題不斷延續著。自身貫徹意圖的無保護性領域被理性統治著。在對對象性表象的顛倒中，心靈的邏輯吻合於回憶的道說。這兩個領域都被形而上學所規定，皆由於邏輯起支配作用。內在回憶大概是出於無保護性本身且超出保護之外，而創造一種安全存在。這種庇護關聯到人這種具有語言的生物。人具有語言，且在被形而上學烙印的存在範圍內，人以這種方式擁有語言，即人一開始就只將語言當作一種所有物，從而將它作為人的表象和行為的依據。

但是，當人在創造一種安全之際被整個世界內在的空間所觸及時，人本身就在其本質上被觸及了。然而，就一種安全存在的創造出於那冒險更甚者來說，那冒險更甚者一定帶著語言而冒創造之險。冒險更甚者冒道說之險。但是，倘若這一冒險的區域，即語言，以無與倫比的方式屬於存在，超出存在，在存在之外再無其他方式，那道說者必須道說的東西應該向誰道說？這些道說關聯到對意識回憶著的顛倒，這種顛倒改變我們的無保護性，入於世界內在空間的不可見領域。

因為他們的道說牽涉著顛倒，所以不單是出於兩個領域，而是出於這兩個領域的統一性。因此，在存在者的整體被思為純粹牽引敞開者的時候，那回憶著的顛倒一定是一種道說；這種道說向一個已經在存在者整體中安全存在的生靈道說它要道說的。這個生靈被吸入存在之球的這一面和另一面的純粹牽引之中。對這個生靈而言，幾乎不再有牽引之間的界限和差異；這個生靈掌握了最寬廣軌道聞所未聞的中心，且讓這一中心顯現出來。里爾克稱這個生靈為天使。他在西元一九二五年十一月十三日的一封信中這樣寫道：

「《哀歌》中的天使是這樣一種造物，在他身上，我們所做的把可見領域轉化入不可見領域的工作看來已經完成了……

《哀歌》中的天使是這樣一種生靈，它保證我們能在不可見領域中認識現實的更高秩序。」

只有根據一種對主體性本質的更原始闡明，我們才能闡明：在現代形而上學的完成過程中，與這種生靈的關係如何屬於存在者的存在。

里爾克把自然思為冒險。所有存在者皆進入一種冒險而有所冒險。作為所冒險者，任何存在者都處於天平上。這一天平乃是存在衡量存在者的方式，一切所冒險者都處於危險中。存在者的領域，可以按它們對天平關係的種類加以區分。著眼於天平方面，天使的本質也必定可以得到明確的說明——如果它在整個領域中是高級存在者。

動植物在「其陰沉之趨的冒險」中被無憂煩地保持到敞開者之中。其形體並沒有使它們迷惘混亂。這些生物為它們的本能所衡度而進入敞開者之中。動植物如此這般地處於天平之上，以至於這個天平始終處於一種安全的寧靜之中。動植物冒險入於其中的天平，還沒有到達本質性的、因而持久的非鎮靜領域。即便是天使在其中冒險的天平，也仍然外於非鎮靜領域；根據天使無形體的特性，可能的迷亂就由於可見的感性因素而轉化為不可見的東西。由於在世界內在空間範圍內的那兩個領域得到平衡統一體的已鎮靜的寧靜，天使才成其本質。

有意的貫徹意圖者

貫徹意圖的人以投入他的意願為生。人從根本上是在金錢和通用價值的變化中拿他的本質冒險。作為這種持久的交易者和仲介者，人成了「商人」。人不斷地衡量和度量，卻不清楚物的實際重量。人也不知道自身的真正重量和優勢。但同時，由於人將無保護性本身轉變置於敞開者之中，且將它轉換到未知的心靈空間中，因此，人能外在於保護，創造「一種安全存在」。

作為有意貫徹意圖者的人，已冒險而進入無保護性之中。在如此冒險的人手中，危險的天平本質上是非鎮靜的。以自身為意願的人到處將物和人當作對象事物來計算。被計算的東西因而成為商品。萬物不斷被改換入新的秩序中。反純粹牽引的告別在不斷衡量的天平的非鎮靜中建立自身。在對世界的對象化中，告別違背自身的意圖而推動變化無常之事。如此進入無保護者而冒險，人就活動於「商業」和「交換」的媒介中。貫徹意圖的人以投入他的意願為生。人從根本上是在金錢和通用價值的變化中拿他的本質冒險。作為這種持久的交易者和仲介者，人成了「商人」。人不斷地衡量和度量，但卻不清楚物的真正重量。人也不知道自身的真正重量和優勢。里爾克在其所做的一首詩中這樣寫道：

「哦，有誰知道他自身中的優勢
是溫存？是畏懼？
是目光？是聲音？還是書本？」

但同時，由於人將無保護性本身轉入敞開者之中，且將它轉換入不可知的心靈空間中，因此，人能外在於保護，創造「一種安全存在」。一旦發生這種情況，則無保護性的非鎮靜的東西就會轉向那種地方，在那裡，有一個生靈在世界內在空間的平衡統一性中顯現出來；這個生靈使統一體的統一方式得以顯露，並因此將存在表現出來。於是，危險的天平出於計算性意願的領域而轉向天使。

在里爾克的詩中，有這樣幾句話：

「當天平掙脫商人之手
移交給那個天使
天使便用空間的均衡
給它撫慰，給它安全……」

均衡的空間是世界內在空間，因為它給予世界性的敞開者整體空間。所以，它允諾此一牽引和彼一牽引，使它們具有統一作用的統一體顯現出來。這個統一體作為存在的美好球體，包圍了存在者一切純粹之力。當天平移交時，這件事情就發生了。天平什麼時候移交呢？又是誰使天平從商人那裡移交給天使呢？假如這種移交從根本上實現了，那它就發生於天平的區域內。天平的要素是冒險，是存在者的存在。

當代人的生活習慣，是交換者在無保護的市場上進行貫徹意圖活動的尋常生活。不過，將天平移交給天使的過程卻不同尋常。它甚至是在這種意義上的不同尋常，即它不單單是任何規則的例外，它著眼於人的本質，將人置於保護和無保護的規則之外。正因為此，這種移交只是「有時」發生而已。「有時」一詞在此絕不意味著偶然和任意，而是指：罕見地。天平在一正確時間、在唯一的場合以唯一的方式，從商人那裡轉向天使，作為進入世界內在空間的內在回憶而發生。

作為冒險更甚者隨存在本身大膽冒險，因而自身大膽冒險進入存在的區域，即語言之中，因此，他們是道說者。不過，難道人才不是按其本質具有語言，不斷地隨語言大膽冒險嗎？事實就是如此，那麼在慣常方式中的意願者也已經在計算的製造中冒道說之險了。如此一來，冒險更甚者卻不能只是道說者而已。冒險更甚者的道說必須特別地冒道說之險。因為只有當他們是道說更甚者的時候，冒險更甚者才成其所是。

倘若我們在表象著和製造著的對存在者的關係中同時採取陳述的態度，這種道說就不是所意願的東西。陳述始終只是途徑和手段。與此不同，有一種道說真正進入道說之中，卻沒有對語言進行反思。進入道說之中，乃是一種道說的代表，這種道說跟隨那有待道說的東西，目的僅僅是為了道說此種東西。這樣看來，那有待道說的東西理所當然是本質上屬於語言區域的東西。從形而上學上看，此種東西是存在者整體。存在者整體的整體性乃是敞開者的美妙，乃是純粹牽引的完好無損，因為它為人設置空間。這事發生於世界內在空間中。當人在顛倒的內在回憶中轉向心靈空間時，人便觸及到這個世界內在空間。冒險更甚者將無保護性的、不好的東西轉入世界實存的美妙之中。美妙的世界實存就是有待道說的東西。在道說中，這種有待道說的東西朝向了人。冒險更甚者是那些具有歌者方式的道說更甚者。他們的吟唱背離了一切有意的貫徹意圖活動。這不是什麼欲望意義上的意願。他們的吟唱不謀求任何被製造的東西。

那些冒險更甚者的道說更甚的道說乃是吟唱。里爾克在《致奧菲斯的十四行詩》中寫道：

「吟唱即實存。」

這裡，「實存」一詞在「在場」這一傳統意義上是作為「存在」的同義詞來使用的。用吟唱去道說世界實存，是從整體純粹牽引的美妙方面去道說，且只道說這種美妙。吟唱意味著：歸屬到存在者本身的區域中。這一區域作為語言的本質乃是存在本身。吟唱意味著：在在場者本身中在場——吟唱即實存。

但是，道說更甚的道說也只是有時發生，因為只有冒險更甚者才能作這般道說。這種道說始終是艱難的。其艱難在於，不僅難以構成語言作品，而且也難以從觀看事物的一味貪婪的言說作品、視覺作品，轉向「心靈的作品」。其艱難在於完成實存。

吟唱是艱難的，因為吟唱必須是實存。對於棲留於敞開者中的奧菲斯神來說，吟唱唾手可得，但是，對於普通人來說卻不是一件容易的事。

當人是比存在者本身冒險更甚的冒險者時，人才是如此這般的道說更甚者。根據里爾克的詩，這些冒險更甚者乃是「秉氣勇毅……」。里爾克在詩中這樣寫道：

「在真理中吟唱，乃另一種氣息。

此氣息無所為。

它是神靈，是風。」

那冒險更甚者所憑藉的氣息，並非單純意指一種因為稍縱即逝而幾乎不能察覺的區別尺度，而是直接意味著詞語和語言的本質。那些秉一氣息而大膽冒險者，是隨著語言而大膽冒險。他們是道說更甚的道說者。因為那些冒險更甚者所秉的這一氣息是一種與其他人類道說完全不同的一種氣息。這一種氣息不再追求任何對象事物，它是一種無所求的氣息。

吟者之道說道說著世界實存的美妙整體，此世界實存於心靈的世界內在空間中無形為自己設置的空間。這吟唱並不追隨有待道說的東西。吟唱乃是人於純粹牽引整體的歸屬。吟唱透過圓滿自然的、聞所未聞的中心的風的吸引而引發。吟唱本身即是「風」。

因此，從里爾克的詩中，我們找到了誰是那種冒險更甚於生命本身的冒險者。他們便是里爾克所說的「秉氣勇毅……」的人。「秉氣勇毅」這句詩後面加了省略號。這省略號指出默然不表的東西。

冒險更甚者是詩人，詩人的吟唱將我們的無保護性轉入敞開者之中。因為他們顛倒了反敞開者的告別，且將它的不妙東西回憶入美妙整體之中，所以，他們在不妙中吟唱美妙。回憶的顛倒已超過了反敞開者的告別。這種顛倒在「一切告別之前」，且在心靈的世界內在空間中戰勝了一切對象事物。顛倒著的內在回憶出於人的本質而自行冒險，故而是大膽冒險，因為人具有語言，而且是道說者。

但是，現代人卻被稱為意願者。冒險更甚者意願更甚，因為他們是以一種與世界對象化的、有意的貫徹意圖活動，用不同的方式意願著。假如意願依然只是貫徹意圖，他們就無所意願。在此意義上，他們無所意願，因為他們更有意志。他們更快地響應意志；而意志作為冒險本身，將一切純粹之力吸引到自身那裡。冒險更甚者的意願乃是道說更甚者的意志；道說更甚者是決斷的，不再閉鎖於反意志的告別中。冒險更甚者有意志的本質道說更道說（用《杜伊諾哀歌》的話）：

「大地，
你所意願的難道不是——不可見地在我們心中甦醒？
你的夢想，
難道不是有朝一日成為不可見的？
大地！
不可見的！
若非這種再生，
你急切的召喚又是什麼？
大地，
親愛的大地！
我要！」

在世界內在空間不可見的東西中，作為其世界性統一體的天使顯露了；在此，世界性存在者的美妙也顯現了。在美妙事情最寬廣的軌道中，神聖也顯現出來。作為冒險更甚者，詩人在走向神聖蹤跡的途中，因為他們能體會不妙之為不妙。他們在大地之上歌唱著神聖。他們的歌唱讚美著存在之球的完好無損。

不妙之為不妙引領我們追蹤美妙事情。美妙事情召喚著招呼神聖。神聖聯結著神性。神性將神引近。

冒險更甚者在不妙事情中感受著無保護性。他們為人帶來消逝諸神的蹤跡。作為美妙事情的歌者，冒險更甚者乃是「貧困時代的詩人」。

這種詩人的特徵在於：詩的本質對他們來說是大可追問的，因為他們詩意的追蹤著他們必須道說的東西。

賀德林是貧困時代詩人的先行者。所以，這個時代的任何詩人都無法超越賀德林。但先行者並沒有消失於未來；不如說，他出於未來而到達，而且，唯有在他的詞語到達，未來才會現身。到達越是純粹地發生，持存便越是本質性地現身。到來者越是在先行道說中隱藏自己，到達就越是純粹。因此，認為唯當有朝一日「全世界」都聽到他的詩歌時，賀德林的時代才會到來的觀點恐怕站不住腳。在這種比較合理的看法中，賀德林的時代永遠不會到來；因為，正是時代自身的貧困給時代提供了力量，憑藉這種力量，它阻礙賀德林的詩成為合乎時代的詩。

先行者不可超越，也不會消逝；因為他的詩作始終保持為一個曾在的東西。到達的本質因素將自身聚集起來並返回命運之中。以此方式永不陷入消逝過程中的東西，自始就克服了任何消逝性。那一味消逝的東西在它消逝之前就是無命運的東西。相反，曾在的東西是有命運的。在被認為是永恆的東西中，無非是隱匿一個被懸置起來的消逝者，它被懸置在一種停滯的現在虛空之中。

人，詩意的棲居

「……人詩意的棲居……」這個詩句，引自賀德林後期一首以獨特方式流傳下來的詩歌。今天，我們若想思量此詩句，就必須審慎地將它回覆到這首詩歌中。我們要澄清此詩句即刻喚起的種種疑慮。否則，我們就不會有開放的姿態去追蹤此詩句，從而應答此詩句。

生存與思

作詩是本真的讓棲居。但是，我們怎樣達到一種棲居呢？海德格說，要透過築造。作詩，作為讓棲居，乃是一種築造。如此一來，我們面臨著雙重要求：一方面，我們要根據棲居的本質來思考人類所謂的人之生存；另一方面，我們又要將作詩的本質理解為讓棲居，一種築造。倘若我們按這裡所指出的角度來尋求詩的本質，我們便能達到棲居的本質。

「……人詩意的棲居……」。說詩人偶爾詩意的棲居，似乎勉強能說得通，但這裡指的是「人」，意思就是每個人總是詩意的棲居，這到底是怎麼回事？一切棲居不是與詩意格格不入嗎？比如我們會為住房短缺所困擾。即便人人都有住所，我們今天的棲居也由於勞作而備受折磨，由於趨功逐利而不得安寧，由於娛樂和消遣活動而迷惑。如果一定要說即使在今天的棲居中，人類也還為詩意留下了空間，並餘下一些時間的話，那最多也只是從事某種文藝性的活動，或是書面文藝，或是音視文藝。詩歌被當作玩物喪志的矯情和不著邊際的空想而遭遺棄；被當作遁世的夢幻而遭否定；又或者，人類將詩看作文學的一部分。文學的功效按當下現實性的尺度而被估價。現實本身由形成公共文明意見的組織所製作和掌控。這個組織的成員之一既是推動者，也是被推動者，乃是文學行業。如此一來，詩就只能表現為文學。甚至當人類從教育和科學的角度來考察詩的時候，它也還只是文學史的對象。西方的詩被冠以「歐洲文學」這樣的總稱。

但是，倘若詩的唯一存在方式一開始就在文學中，又怎麼能說人之棲居是以詩意為基礎的呢？「……人詩意的棲居……」這句話也僅僅出於某個詩人之口，而且據我們所知，說這話的人還是一個無法獨立生活的詩人。詩人的特性就是對現實視若無睹。詩人並無作為，只是夢想而已。他們所做的就是瘋狂的想像。也僅有想像被製作出來。

然而，在我們決定如此粗略地宣布棲居與作詩不相容之前，我們最好還是先冷靜地關注一下詩人的詩句。此詩句說的是人之棲居。它並不是描繪今天的棲居狀況。它一開始就沒有明確地說棲居意味著占用住宅。它也沒有說詩意完全表現在詩人想像力的非現實遊戲中。如此，誰還敢無所顧慮地從某個不可置疑的高度宣稱棲居與詩意毫不相關？兩者也許是相容的。進一步說，也許兩者是相互包容的，即棲居以詩意為根基。倘若我們真的作此猜想，我們就必須從本質上去思考棲居和作詩。倘若我們並不迴避此種要求，我們就要從棲居方面來思考人類常說的人之生存。如此一來，我們得放棄通常關於棲居的觀念。依通常之見，棲居不過是人許多行為中的一種。比如我們在城裡工作，在城外棲居。比如我們在旅行時一會兒住在此地，一會兒住在彼地。這樣看來，棲居始終只是住所的占用而已。

在賀德林談棲居的時候，他看到的是人類此在的基本特徵。但他從與這種在本質上得到理解的棲居關係中看到了「詩意」。

當然，這並不是說：詩意只是棲居的裝飾品和附加物。棲居的詩意意味著：詩意以某種方式出現在所有的棲居中。「……人詩意的棲居……」這句詩是說，作詩才讓一種棲居成為棲居。作詩是本真的讓棲居。但是，我們怎樣達到一種棲居呢？透過築造。作詩，作為讓棲居，乃是一種築造。如此一來，我們面臨著雙重要求：一方面，我們要根據棲居的本質來思考人類所謂的人之生存；另一方面，我們又要將作詩的本質理解為讓棲居，一種築造。倘若我們按這裡所指出的角度來尋求詩的本質，我們便能達到棲居的本質。

但是，我們從哪裡獲得關於棲居和作詩本質的消息呢？一般來說，人從哪裡取得要求，得以進入某個事情的本質中？人只能在他由以接受此要求之處取得此要求。人從語言之勸說中接受此要求。毋庸置疑，只要人已然關注語言的特有本質，此事才會發生。但圍繞整個地球，卻喧囂著一種放縱無羈而又油腔滑調的關於言語成果的說、寫、播。人的所作所為儼然是語言的構成者和主宰，而事實上，語言才是人的主人。一旦這種支配關係顛倒，人便會想出一些陰謀詭計。語言成為表達的工具。作為表達，語言成為單純的印刷工具。

甚至在這種對語言的利用中，人類也還堅持說得謹慎。這雖然是件好事，但如果僅僅這樣，絕不能幫助我們擺脫對語言與人之間的真實支配關係的顛倒。因為真正說來，是語言說。人只是在他傾聽語言勸說從而應合於語言之際才說。在我們可以從自身而來一道付諸言說的所有勸說中，語言是最高的、第一位的勸說。語言將我們引向某個事情的本質。但這並不等於，在任何一種被把握的詞義上的語言，已經直接而確定地向我們提供了事情的透明本質。而人得以本真地傾聽語言勸說的那種應合，是在作詩要素中說話的道說。一位詩人說的愈是詩意，他的道說愈是自由，即對於未被猜測的東西愈是開放、愈是有所期待，他便愈純粹地任其所說，聽憑於不斷進取的傾聽，其所說便愈疏遠單純的陳述——對於這種陳述，人類只著眼於其正確性或不正確性來加以討論。

「……人詩意的棲居……」

詩人這樣說。倘若我們將賀德林的這個詩句放回它所屬的那首詩中，我們便能更清晰地傾聽此詩句。首先，我們來傾聽：

「充滿勞績，但人詩意的，
棲居在這片大地上。」

這兩行詩的基調迴響於「詩意的」一詞上。此詩在兩方面得到了強調，即：它前面的詞句和它後面的詞句。

它前面的詞句是：「充滿勞績，然而……」。聽來就彷彿是，接著的「詩意的」一詞給人充滿勞績的棲居帶來一種限制。但事情正好相反。限制由「充滿勞績」這個短語所道出；對此，我們必須加上一個「雖然」來加以思考。人雖然在其棲居時做出多樣勞績。因為人培育大地上的動植物，保護在他周圍成長的東西。培育和保護是一種築造。人不僅培養自發生長的事物，而且也在建造意義上築造，因為他們建立那種不能透過生長而形成和持存的東西。

這種意義上的築造之物不單指建築物，還包括手工的和由人的勞作而得的一切作品。然而，這種多樣築造的勞績絕無棲居的本質。相反，一旦勞績只為自身而被追逐和獲得，那它們甚至會禁阻棲居的本質。也就是說，勞績正是由其豐富性而處處將棲居逼入所謂的築造限制中。築造遵循著棲居需要的實現。農民培育生長物，建築物和作品的建造，以及工具的製造——這種意義上的築造，是棲居的一個本質結果，但不是棲居的原因或基礎。棲居的基礎必定出現在另一種築造中。誠然，人類通常且唯一從事的，因而只是熟悉的築造，將豐富的勞績帶入棲居之中。但是，只有當人已經以另一種方式築造了，且正在築造和有意去築造時，人才能夠棲居。

它後面的詞句說：「在這片大地上。」人類也許會說這個補充是多餘的，是畫蛇添足。因為棲居說到底就是：人在大地上逗留，在「這片大地上」逗留。任何人都知道自己終將委身於大地。

但是，當賀德林說人的棲居是詩意的棲居時，立即就製造了一種假象，似乎「詩意的」棲居將人從大地處拉了出來。因為「詩意」倘若被看成詩歌方面的東西，那它是屬於幻想領域的。詩意的棲居幻想般地翱翔於現實上空。詩人特別強調詩意的棲居乃是棲居「在這片大地上」，以此來應對上面這種擔憂。於是，賀德林不僅使「詩意」免受一種淺顯的誤解，而且，透過加上「在這片大地上」，進而特別地指出作詩的本質。作詩並不飛越和超出大地，以便離棄大地、懸浮於大地之上。倒是可以說，作詩首先將人帶向大地，使人歸屬於大地，從而使人進入棲居之中。

現在我們知道人如何詩意的棲居嗎？還是不知道。因為，賀德林雖然道出了人的棲居和人的勞績，但他並沒有如我們先前所做的那樣，將棲居與築造關聯起來。他並沒有說築造，既沒有在保護、培育和建造意義上提到築造，也沒有完全將作詩看作一種特有的築造方式。因此，賀德林並沒有如同我們思想那般言說詩意的棲居。

毫無疑問，這裡要緊的是關注本質性的東西。在此需要附帶說明一個問題。只有當詩與思明確地保持在它們本質的區分之中，詩與思才相遇而同一。同一並不等於相同，也不等於純粹同一性的空洞一體。相同意味著沒有區別，致使一切都在其中達到一致。相反，同一則是從區分的聚集而來，是有區別的東西的共屬一體。只有當我們思考區分的時候，我們才能說同一。在區分的實現中，同一聚集的本質才顯露出來。同一驅除每一種只想調和有區別的東西為相同的熱情。同一聚集區分為一種原始統一性。相反，相同則使之消散於千篇一律的單調統一體中。賀德林在其所作的〈萬惡之源〉箴言詩中說：「一體地存在乃是神性和善良；在人中間究竟何來這種渴望：但求唯一存在。」

當我們沉思於賀德林關於人的詩意棲居所做的詩意創作之際，我們猜測到一條道路；在此道路上，我們透過不同的思想成果而得以接近詩人所詩的同一者。

但賀德林就人的詩意棲居到底說了什麼呢？賀德林說：

「如果生活純屬勞累，
人還能舉目仰望說：

我也甘於存在？
是的！
只要善良，這種純真，尚與人心同在，
人就不無欣喜。
以神性度量自身。
神莫測而不可知？
神如蒼天昭然顯明？
我寧願信奉後者。
神本是人之尺度。
充滿勞績，然而人詩意的，
棲居在這片大地上。
我要說
星光璀璨的夜之陰影
也難與人的純潔相匹。
人乃神性之形象。

大地上可有尺度？

絕無。」

賀德林的詩，目的是要更清晰地傾聽賀德林在把人之棲居稱為「詩意的」棲居時所表達的意思。賀德林開篇便說：「生活純屬勞累，人還能舉目仰望說：我也甘於存在？是的！」它們採用了完全確信地予以肯定回答的提問形式。這一提問也表達出我們已經解說過的詩句的直接意蘊：「充滿勞績，然而人詩意的，棲居在這片大地上。」

詩人的尺度

海德格認為，為了對作詩進行思考，我們必須一再思索作詩被採取的尺度；我們必須關注這種採取的方式，這種採取在於讓已被分配的東西到來。作詩的尺度是什麼呢？海德格引用賀德林的詩句給出了答案——即疏異者。

只有在一味勞累的區域內，人才力求「勞績」。人在那裡為自己爭取到豐富的「勞績」。與此同時，人也得以從此區域而來，透過此區域仰望天空。這種仰望向上直抵天空，而根基留在大地上。這種仰望貫通天空與大地。這一「之間」分配給人，構成人的棲居之所。我們現在將這種被分配的貫通——天空與大地的「之間」由此貫通而敞開——稱為維度。

此維度的出現並非出於天空與大地的相互轉向。可以說，轉向本身居於維度之中。維度也並非我們常見的空間延展；因為一切空間因素作為被設置空間的東西，本身就需要緯度，也就是需要它得以進入其中的東西。

維度的本質是那個「之間」——即直抵天空的向上與歸於大地的向下——被照亮的、從而可貫通的分配。據賀德林的詩句所云，人以天空度量自身而得以貫通此尺度。人並不是偶爾進行這種貫通，而是人在此種貫通中才能根本上成為人。故人雖然能夠阻礙、縮短和歪曲這種貫通，他卻不能逃避這種貫通。人之所以為人，總是已經以某種天空之物來度量自身。就連魔鬼也來自天空。所以，賀德林接著又說：「人……以神性度量自身。」神性是人藉以度量他在大地之上、天空之下的棲居的「尺度」。所以，只有當人以此方式測度他的棲居，他才能夠按其本質而存在。人的棲居基於對天空與大地所共屬維度的仰望測度。

測度不只測度大地，所以絕非簡單的幾何學。測度也並非測度自為的天空。故測度不是科學。測度測定天空與大地兩者相互帶來的「之間」。這種測度有其自身的尺度和格律。

人就他所歸屬的維度來測度他的本質。這種測度將棲居帶入其輪廓中。對維度的測度乃是人的棲居賴以持續的保證要素。測度乃是棲居的詩意因素。作詩即是度量。那什麼是度量？倘若我們將作詩思考為測度，我們顯然不可能將作詩安置於一個關於度量和尺度的任意觀念中。

或許作詩是一種別具一格的度量。也許我們必須以另一種聲調將「作詩是度量」這句話說成「作詩是度量」。在其本質基礎中的一切度量皆在作詩中發生。所以我們要注意度量的基本行為。度量的基本行為在於：人通常會採取當下藉以進行度量活動的尺度。在作詩中發生採取尺度。作詩是「採取尺度」——從這個詞的嚴格意義上來加以理解；透過「採取尺度」，人才為他本質的幅度而接受尺度。人作為終有一死者成其本質。人之所以被稱為終有一死者，是因為人能夠赴死。能夠赴死意味著：能夠承擔作為死亡的死亡。只有人赴死——而且只要人在這片地上逗留，只要人棲居，他就不斷地赴死。但人的棲居基於詩意。賀德林在人本質的測度藉以實現的「採取尺度」中看到了「詩意」的本質。

然而，我們如何證明賀德林是將作詩的本質思為「採取尺度」了？我們在此沒有必要證明什麼。所有的證明都不過是依據前提的事後追加的做法。依據被設定的前提，一切均可得證明。我們只須注意少數幾點。我們只要關心詩人自己的詩句就可以了。因為賀德林真正追問的只是尺度。此尺度是人藉以度量自身的神性。賀德林詩云：「神莫測而不可知？」這顯然不是真的。因為倘若神是不可知的，那它作為不可知的東西又怎麼能成為尺度呢？需要確認一點的是，神之為神對賀德林來說是不可知的，且作為這種不可知的東西，神正好是詩人的尺度。

因此，讓賀德林困惑的還有一個問題：在本質上保持不可知的東西如何能成為尺度？因為人藉以度量自身的東西無論如何必須公布自己，必須顯現出來。如果它顯現出來了，那它就是可知的。可是，神是不可知的卻又是尺度。不僅如此，保持不可知的神也必須透過顯示自身為它所是的神來作為始終不可知的東西顯現出來。不光神本身是神祕的，神的顯明也是神祕的，故賀德林提出下一個問題：「神如蒼天昭然顯明？」隨即他又答曰：「我寧願信奉後者」。

現在我們要問，詩人為什麼願意做此猜斷？接著的詩句給出了答案：「神本是人之尺度。」人度量的尺度是什麼？不是神，也不是天空，亦不是天空的顯明。此尺度在於保持不可知的神作為神如何透過天空而顯明的方式。神透過天空的顯現在於一種揭露，它讓我們看到自行遮蔽的東西；但這並非因為它力求將遮蔽者從其遮蔽狀態中牽引出來，而只是因為它守護著在其自行遮蔽中的遮蔽者。因此，不可知的神作為不可知的東西，透過天空的顯明而顯現出來。這種顯現是人藉以度量自身的尺度。

對於人的通常觀念來說，這似乎是一個令人不解的尺度；對於無所不曉的、陳腐的日常意見來說，它看來也是格格不入的。因為日常觀念和意見往往都聲稱自己即一切思想和反思的準則。

然而，為什麼這種在今人看來如此怪異的尺度被允諾給人，並且透過作詩的「採取尺度」而向人公布出來了？因為唯有這種尺度測定著人的本質。人透過貫通「在大地上」與「在天空下」而棲居。這一「在……上」與「在……下」共屬一體。它們的交合是貫通；只要人作為塵世的人而存在，他就時時穿行於這種貫通。

因為人在經受維度之際存在，所以人的本質必須得到測度。如此，便需要一個尺度，它同時一體地關聯整個維度。洞察這一尺度，將它當作尺度加以測定，並將它當作尺度加以採取，這對詩人來說就意味著：作詩。作詩即此種「採取尺度」，且為人的棲居而「採取尺度」。詩人緊接著說：「神本是人之尺度」。

現在，我們知道賀德林所說的「詩意」了嗎？知道，也不知道。說知道，是因為我們接受了一個指示，知道要在何種角度上思考作詩。說不知道，是因為作為對那個奇怪尺度的測定，作詩變得愈加神祕兮兮了。因此，倘若我們準備在詩的本質領域中逗留一番，作詩勢必還是神祕兮兮的。

當賀德林將作詩思考為一種度量時，還是令人詫異的。如果說賀德林洞察到作為一種度量的作詩，並且首要地將作詩本身當作「採取尺度」來貫徹，那麼為了對作詩進行思考，我們必須一再來思索在作詩中被採取的尺度；我們必須關注這種採取的方式，這種採取在於讓已被分配的東西到來。作詩的尺度是什麼呢？是神性；也就是神嗎？誰是神？也許對人來說，這個問題太難了。因此，讓我們先來問問什麼是神？

賀德林在〈在可愛的藍色中閃爍〉一詩中有以下幾行詩：

「什麼是神？不清楚，
但他的豐富特性就是他天空的面貌。
因為閃電是神的憤怒。
某物愈是不可見，
就愈是歸於疏異者……」

對神來說疏異的東西，是指天空的景色，天空的景色是人非常熟悉的東西。這種東西是什麼呢？是在天空下、大地上的一切；那不可知者歸於這一切為人所熟悉而為神所疏異的東西，才得以在其中作為不可知者而受到保護。詩人召喚著天空景象的所有光輝、其運行軌道和一切氣流聲響，將這一切召喚入歌唱詞語之中，並使所召喚的東西在其中閃光和鳴響。

不過，詩人之所以為詩人，並非只是描寫天空和大地的單純顯現。詩人在天空景象中召喚那種東西，後者在自行揭露中正好讓自行遮蔽著的東西顯現出來。在各種為人所熟悉的現象中，詩人召喚那種疏異的東西——不可見者為了保持其不可知而歸於這種疏異的東西。

只有當詩人採取尺度的時候，他才作詩。由於詩人如此道說著天空的景象，即詩人順應作為疏異者的天空現象，也即不可知的神「歸於」其中的疏異者。我們常見的表示某物景象和外觀的名稱是「形象」。「形象」的本質是：讓人看某物。而映像和模像是真正形象的變種。真正的形象作為景象，讓人看不可見者，並使不可見者進入某個它所疏異的東西之中而構形。因為作詩採取以天空面貌為尺度，故它以「形象」說話。因此，詩意的形象不是單純的幻想和幻覺，而是一種別具一格的想像而構成形象，即在熟悉者面貌中的疏異東西可見的內涵。形象的詩意道說將天空現象的光輝和聲響與疏異者的幽暗和沉默聚集於一體。透過這種景象，神令人驚異。在此驚異中，神昭示其不斷的鄰近。因此，賀德林在「充滿勞績，但人詩意的，棲居在這片大地上」這幾行詩後接著寫道：

「……我要說
星光璀璨的夜之陰影
也難與人的純潔相比。
人乃神性之形象。」

「……夜之陰影」——夜本身就是陰影，是那種絕不會漆黑一團的幽暗，這種幽暗作為陰影，始終與光明相親切，為光明所投射。作詩所採取的尺度作為疏異者——那不可見者就在其中保護著它的本質——歸於天空景象中熟悉的東西。因此，此尺度具有天空的本質特性。但天空並非純然是光明。高空的光芒本身就是其庇護萬物的浩瀚幽暗。天空的可愛藍色乃是幽深的色彩。天空的光芒是庇護一切可昭示者日出日落的朦朧。此天空乃是尺度。故詩人一定會問：「大地上可有尺度？」且詩人必得答曰：「絕無。」為什麼呢？因為當我們說「在大地上」時，我們所命名的東西只是就人棲居於大地且在棲居中讓大地成為大地而言才存在。

但是，只有當作詩實現而成其本質，且其本質是我們所猜度的，即作為一切度量的「採取尺度」，此時棲居才會發生。這種「採取尺度」本身是本真的測度，而不是用那種為製作圖紙而準備的標尺所做的單純測量。作為對棲居維度的本真測定，作詩乃是原初性的築造。作詩首先讓人的棲居進入其本質之中。作詩乃是原始的讓棲居。

人棲居，是因為人築造。並不是因為人作為築造者，僅僅透過培育生長物的同時建立建築物，而確立了他在大地上、天空下的逗留。只有當人已然在作詩的「採取尺度」意義上進行築造，人才能夠從事上面這種築造。本真築造的發生，乃是由於作詩者存在。

作詩築造著棲居的本質。作詩與棲居並不相互排斥，作詩與棲居相互要求共屬一體。「人詩意的棲居」。這個詩句的真理性以極為不可名狀的方式得到了證明。因為，一種棲居之所以能夠是非詩意的，只因棲居本質上是詩意的。

無論在哪種情形下，只有當我們知道了詩意，我們才能經驗到我們的非詩意棲居，以及我們如何非詩意的棲居。只有當我們保持對詩意的關注，我們才能期待非詩意棲居的一個轉折會不會、以及何時在我們這裡出現。只有當我們嚴肅地對待詩意，我們才向自己證明自己的所作所為如何，以及在哪種程度上能夠對這一轉折做出貢獻。

作詩是人棲居的基本能力。但是，人之所以能夠作詩，始終按照著這個尺度，即人的本質如何歸本於本身因喜好人而需要人本質的東西。依照這種歸本的尺度，作詩或是本真的，或是非本真的。

所以，本真的作詩也並非隨時都能發生的。本真的作詩何時存在？能存在多久？賀德林對此有所道說。這幾行詩是：

「……只要善良，
這種純真，
尚與人心同在，
人就不無欣喜
以神性度量自身……。」

賀德林說：「與人心同在」，也即：達到人的棲居本質那裡，作為尺度的要求達到心靈那裡，從而使心靈轉向尺度。

只要這種善良的到達持續著，人就不無欣喜，以神性度量自身。這種度量一旦發生，人便根據詩意的本質而作詩。這種詩意一旦發生，人便人性地棲居於這片大地上，「人的生活」──恰如賀德林詩歌中所說的那樣──即為一種「棲居生活」。

電子書購買

國家圖書館出版品預行編目資料

存在主義,海德格的思考:為傳統的哲學概念,
賦予全新的意義,從 << 存在與時間 >> 探索
存在的本質 / 劉燁,王勁玉編譯 . -- 第一版 . --
臺北市:崧燁文化事業有限公司,2022.03
面; 公分
POD 版
ISBN 978-626-332-060-4(平裝)
1.CST: 海德格爾 (Heidegger, Martin, 1889-1976) 2.CST: 學術思想 3.CST: 哲學
147.72 111001322

存在主義，海德格的思考：為傳統的哲學概念，賦予全新的意義，從《存在與時間》探索存在的本質

臉書

編　　譯：劉燁，王勁玉
排　　版：黃凡哲
發 行 人：黃振庭
出 版 者：崧燁文化事業有限公司
發 行 者：崧燁文化事業有限公司

E-mail：sonbookservice@gmail.com
粉 絲 頁：https://www.facebook.com/sonbookss/
網　　址：https://sonbook.net/
地　　址：台北市中正區重慶南路一段六十一號八樓 815 室
Rm. 815, 8F., No.61, Sec. 1, Chongqing S. Rd., Zhongzheng Dist., Taipei City 100, Taiwan
電　　話：(02) 2370-3310　　**傳　　真**：(02) 2388-1990

印　　刷：京峯彩色印刷有限公司（京峰數位）
律師顧問：廣華律師事務所 張珮琦律師

定　　價：375 元
發行日期：2022 年 03 月第一版
◎本書以 POD 印製